LA CONFORMIDAD PENAL

La conformidad penal

María Luisa Ruesta Botella

Fiscal, Académica Correspondiente de la Real Academia de Jurisprudencia y Legislación

Mario Capita Remezal

Profesor de Derecho Penal de la Universidad Carlos III de Madrid
Juez sustituto

Atelier
LIBROS JURÍDICOS

Este libro ha sido sometido a un riguroso proceso de revisión por pares.

© 2025 María Luisa Ruesta Botella y Mario Capita Remezal
© 2025 Atelier
       Santa Dorotea 8, 08004 Barcelona
       e-mail: atelier@atelierlibros.es
       www.atelierlibrosjuridicos.com
       Tel. 93 295 45 60

I.S.B.N.: 979-13-87543-94-5
Depósito legal: B 11317-2025

Impresión: Podiprint

SUMARIO

I.
PERSONAS FÍSICAS

1. CONCEPTO Y REGULACIÓN

A diferencia de lo que ocurre en el proceso civil con el denominado allanamiento del demandado a la pretensión del actor, en el proceso penal la voluntad del investigado no puede provocar la finalización del proceso. La única incidencia que la voluntad del investigado puede tener en el proceso penal es la de evitar la celebración del juicio, en los casos y en el modo y forma en que la Ley de Enjuiciamiento Criminal (artículos 655, 688 y siguientes LECri para el procedimiento ordinario, y artículos 784.3 y 787 LECri para el procedimiento abreviado) o la Ley Orgánica del Tribunal del Jurado (artículo 50 LOTJ), permite su conformidad con la pena pedida por el Fiscal para el acusado, dictándose sentencia de conformidad. Igualmente, debe añadirse aquellos supuestos en los que se da inicio por parte del Ministerio Fiscal al proceso por aceptación de decreto, y el investigado acepta la propuesta del Ministerio Público, poniendo fin así al proceso penal (art. 803 bis LECri).

Desde su origen en el texto de la Ley de Enjuiciamiento Criminal de 1882, pasando por la Ley Orgánica del Tribunal del Jurado de 1995, hasta las recientes manifestaciones en las Leyes de reforma de 1988, 1992 y 2002, la conformidad se ha configurado en la justicia penal española como una institución procesal basada tradicionalmente en el principio de adhesión. La conformidad es un modo de poner fin al proceso, que supone la aceptación por el acusado de los hechos, de la calificación jurídica y de la responsabilidad penal y civil exigida. Se parte, ciertamente, de la autonomía de la voluntad del sujeto pasivo del proceso penal, aunque dicha autonomía queda inicialmente limitada a la posibilidad de aceptar, sin negociación, la calificación más grave formulada por las acusaciones, con el único beneficio para el acusado de evitar el juicio.

La jurisprudencia del Tribunal Supremo, que, desde su sentencia de 17/06/1991 ha hecho referencia a las distintas concepciones doctrinales de la conformidad, la considera una transacción penal que no opera sobre el objeto del proceso, sino sobre el desarrollo del procedimiento, dado que el objeto del proceso penal es indisponible: "la conformidad constituye una clara consecuencia de la admisión del principio de oportunidad que podrá reportar al acusado sustanciales ventajas materiales derivadas de una transacción penal. Entendiéndose por ello que no debe hablarse de la existencia de un pacto subyacente entre las partes —dada la indisponibilidad del objeto del proceso penal— y lo que hay es una concurrencia de voluntades coincidentes. En definitiva, la conformidad no sería una institución que operase sobre el objeto del proceso, sino sobre el desarrollo del procedimiento, posibilitando obviar el trámite del juicio oral" (STS 422/2017, de 13 de junio, con cita de otras anteriores).

La escasa utilidad práctica de la conformidad estricta, en la que el acusado obtiene un beneficio poco relevante —la simple evitación del juicio—, renunciando implícitamente a toda posible rebaja, o incluso a la absolución que pudiera derivarse del propio juicio, condujo al legislador a introducir, muy tímida y difusamente en la Ley Orgánica 7/1988, un principio de negociación, permitiendo que el escrito de la defensa se presentara conjuntamente con el del fiscal (antiguo artículo 791.3 de la Ley de Enjuiciamiento Criminal), o bien autorizando al Ministerio Fiscal a que rebajara la pena en el juicio oral con el fin de favorecer la conformidad del acusado (antiguo artículo 793.3 de la Ley de Enjuiciamiento Criminal). Con ello nuestro modelo de conformidad se aproxima a los sistemas de "transacción penal", siguiendo en este punto los criterios de la Recomendación 18 del Consejo de Ministros del Consejo de Europa. Un paso decidido, y no exento de polémica, que ha sido adecuadamente justificado no sólo desde la práctica sino desde los principios constitucionales que informan el vigente modelo de justicia penal.

Fuera del reconocimiento de los hechos, podía el acusado conformarse con la pena más grave de las solicitadas por las acusaciones. Es la conformidad un modo de poner fin al proceso por la voluntad del acusado, que supone la aceptación de los hechos, de la calificación jurídica y de la responsabilidad que se solicita por la acusación y representa un acto de disposición del derecho de defensa. Esta disposición se concreta en la renuncia al derecho a la presunción de inocencia, y exonera a la acusación de la carga de probar la culpabilidad del acusado en un juicio contradictorio con pruebas y debates, de modo que la condena de quien se conforma se produce por su propia manifestación de voluntad y no porque haya sido encontrado culpable tras el juicio oral. Así pues, la conformidad incide tanto en el desarrollo del proceso, que finaliza anticipadamente, como en el propio contenido de la sentencia, pues el órgano judicial queda vinculado por la manifestación del acusado.

La esencia de la conformidad es la plena aceptación por parte del acusado, sin pruebas ni debates, del escrito de acusación de mayor gravedad a cambio de una reducción de la pena. Para conseguir esa reducción, en un sistema procesal como el español fuertemente inspirado en el principio de legalidad, el fiscal, obviamente, no podrá omitir en su acusación hechos penalmente relevantes, ni sustituir los hechos probados por otros distintos, ni calificarlos contra ley, ni solicitar penas no previstas en el precepto penal, pero sí cuenta con numerosos mecanismos para buscar un acuerdo que haga innecesario el juicio oral.[1]

2. REQUISITOS DEL ACTO DE CONFORMIDAD

El acto procesal del acusado en que se manifiesta la conformidad debe cumplir una serie de requisitos para su validez: la conformidad ha de ser absoluta, expresa y personalísima, voluntaria, formal y de doble garantía (Sentencia del Tribunal Supremo, Sala 2ª, de 1 de marzo de 1988). Como puede advertirse, para que tenga lugar la conformidad no se exige, en ningún procedimiento en el que se la promueva, que el imputado confiese su participación en el hecho que se le atribuye. Pero si en el procedimiento abreviado, a su conformidad con la calificación jurídica y con la pena agrega el reconocimiento de los hechos que se le atribuyen lo que algunos llaman «allanamiento-confesión»[2].

En primer lugar, la manifestación del acusado ha de recaer sobre el contenido íntegro de la calificación acusatoria, pues al escrito de acusación que contenga pena de mayor gravedad se refieren los artículos 655 y 787.1 de la Ley de Enjuiciamiento Criminal, es decir, la conformidad se extiende tanto a los hechos, como a su configuración jurídica y a la pena en su concreta naturaleza y medida, sin limitación de clase alguna. El carácter absoluto de la conformidad impide que se someta a cualquier género de condición, plazo o término, salvo en lo que se refiere a la responsabilidad civil. Por lo tanto, no es posible condicionar la conformidad a la suspensión de la ejecución de la pena o a cualquier otro límite o condición.

---

1. Vigil Levi, J., *"La institución de la conformidad en el proceso penal español"*. *www.julgar.pt/wp-content/uploads/2014/07*
2. Gimeno, V. (2019). *Derecho Procesal Penal (3ª ed.). Navarra:* Civitas, Thomson Reuters

En segundo lugar, la conformidad ha de ser expresa, lo que impide admitir que se manifieste o deduzca de forma tácita o implícita y exige una categórica afirmación de esta por parte del acusado. Porque el carácter personalísimo de la conformidad no permite que se realice por medio de mandatario, representante o intermediario, ni siquiera provistos de poder especial; y menos aún, dejarse al arbitrio de un tercero. Por esta razón, el artículo 655 LECri señala la previa ratificación del procesado en la conformidad, y el artículo 784.3 LECri dispone que el escrito de defensa donde se exprese la conformidad sea "firmado también por el acusado"; o en el artículo 787.1 LECri la defensa podrá pedir que se proceda a dictar sentencia de conformidad "con la conformidad del acusado presente". Esta exigencia de la intervención personal y directa del acusado es debida al propio carácter de los derechos procesales a los que se renuncia y de la responsabilidad criminal que se acepta, que son de su exclusiva titularidad.

En tercer lugar, la conformidad ha de ser prestada voluntariamente. La conformidad debe prestarse libre y voluntariamente, lo que significa, de un lado, que el acusado ha de tener pleno conocimiento de las consecuencias de su acto, comprendiendo debidamente la naturaleza de la acusación y los derechos a los que está renunciando; de otro lado, supone que ese acto procesal no puede haber sido inducido mediante coacciones, amenazas, engaños, etc., de modo que podrá revocarse e invalidarse por vicios del consentimiento, evitando precisamente que el acusado se vea condenado cuando su conformidad adolezca de ignorancia, error, violencia o dolo. Las garantías de la voluntariedad se concretan tanto en la necesaria concurrencia de la manifestación del acusado junto con la de su defensor; como en que se ha de prestar ante el juez, quien debe oír "al acusado acerca de si su conformidad ha sido prestada libremente y con conocimiento de sus consecuencias" (artículo 787.2 LECri); como en deber del Letrado de la Administración de justicia de informar al acusado sobre las consecuencias de la conformidad antes de que éste la haya prestado (artículo 787.4 LECri). De todos modos, si se hubiera dado algún vicio en la voluntad del acusado cuando expresó su conformidad, la ineficacia del acto viciado podría hacerse valer directamente ante el sentenciador, si se descubre previamente a que se dicte la sentencia; si no fuera así, podrá hacerse valer por vía de recurso contra la sentencia, sea ante la Audiencia o ante la Sala Penal del Tribunal Supremo; si se descubriera en un momento posterior se podrá plantear un proceso de revisión de la sentencia firme cuyo contenido hubiera venido determinado por algún vicio de la voluntad (artículo 954.1.a de la Ley de Enjuiciamiento Criminal).

En cuarto lugar, la conformidad representa un acto formal, debe reunir las solemnidades requeridas por la ley para cada uno de los momentos procesales en que puede manifestarse, formalidades que son de estricta observancia en cuanto incorporan las garantías esenciales de tan trascendente acto procesal. Por tanto, el procedimiento que rodea a la prestación de la conformidad ha de ser estrictamente observado, so pena de viciar de nulidad el acto.

Finalmente, la conformidad es un acto de doble garantía, pues en todos los casos ha de manifestarse concurrentemente las voluntades del acusado y de su abogado defensor, de modo que no basta la declaración del acusado si no va acompañada de la de su letrado en el mismo sentido, de modo que si éste considera necesaria la continuación del juicio el juez podrá ordenarla no obstante la conformidad del acusado (artículos 694 y 787.4.II LECri).

3. ÁMBITO DE APLICACIÓN

La conformidad no podía prestarse en todos los procesos. La ley imponía al juez o tribunal que dicte sentencia de conformidad "si la pena no excediere de seis años de prisión" (artículo 787.1 de la Ley de Enjuiciamiento Criminal y artículo 50 de la Ley Orgánica del Tribunal del Jurado) o "fuese de carácter correccional" (artículo 655 de la Ley de Enjuiciamiento Criminal) refiriéndose a las penas menos graves. Eso quería decir que la conformidad podía tener lugar tanto ante el Juzgado de lo Penal como ante la Audiencia, pues la distribución de la competencia entre ellos se realiza de acuerdo con la pena que en abstracto tenga asignada la figura delictiva, de modo que la petición de pena ante la Audiencia podía resultar inferior a su límite competencial y permitir así la conformidad en el proceso abreviado. La regla del límite de los seis años de prisión resultaba, por tanto, de aplicación en todos los procesos penales, terminando con la confusión existente, y servía tanto para el proceso abreviado (artículo 787.1 LECri), como para el sumario ordinario (artículos 655 y 688 LECri), y para el proceso ante el tribunal del jurado (artículo 50 de la Ley Orgánica del Tribunal del Jurado). Ésta pura función unificadora parece haber sido la razón última del plazo de los seis años de prisión, que no encuentra correspondencia en otras previsiones del proceso abreviado ni de los juicios rápidos, ni en la distribución de la competencia de los órganos judiciales, ni en las clases, cuantía y gravedad de las penas establecidas en el Código Penal, siete años antes de la Ley 38/2002. Por otro lado, debe partirse de cada pena que se hubiera solicitado si fueran varias, es decir, tener en cuenta cada uno de los delitos por los que se formule acusación, sin que puedan sumarse las penas solicitadas si se tratara de más de un delito; en este caso, para admitir la conformidad ha de considerarse la acusación por cada delito individualmente, de modo que ninguna de las peticiones de pena supere el límite de los seis años de prisión, con independencia de que la suma de las penas pueda exceder con creces de ese límite.

Por las propias razones que movieron al legislador a regular una conformidad especial para los juicios rápidos, en cambio en este proceso especial si se tenía presente la suma de las penas que se hubieran solicitado, y el artículo 801.1.3 de la Ley de Enjuiciamiento Criminal autoriza la sentencia de conformidad solamente cuando "tratándose de pena privativa de libertad, la pena solicitada o la suma de las penas solicitadas no supere, reducida en un tercio, los dos años de prisión"; sin embargo esa regla no existe en el proceso abreviado, de modo que sólo debe tenerse en cuenta para la validez de la conformidad del acusado la pena que se pida por cada delito, y no la suma de penas si se acusa por una pluralidad de delitos.

No obstante, lo anterior, en la práctica del foro, las conformidades en Sumarios ordinarios y en delitos castigados con penas superiores a seis años, como en el procedimiento ante el Tribunal de Jurado, es una realidad jurídica que poco a poco va adentrándose y es objeto de desarrollo por la doctrina de las Audiencias y de los Tribunales Superiores, conformidades en las que algunos Tratadistas denominan encubiertas, pero que se realizan con plena garantía para el procesado o imputado y las partes del proceso.

Así, se parte de un reconocimiento de hechos por parte del imputado, practica de prueba testifical, señalando la Jurisprudencia que basta con dos testigos y pericial en su caso, elevando las Acusaciones sus conclusiones a definitivas según lo conciliado y aceptándolo la defensa. El imputado en la fase del derecho a la última palabra, ratifica la pena interesada y el reconocimiento de los hechos.

4. MOMENTO PROCESAL

A. En el procedimiento abreviado, además de la conversión de las diligencias previas en urgentes como consecuencia del reconocimiento de hechos por el acusado del artículo 779.1.5 de la Ley de Enjuiciamiento Criminal, la conformidad con el escrito de acusación podía prestarse en tres momentos: en el propio escrito de defensa una vez abierto el juicio oral por el Instructor (artículo 784.3 de la Ley de Enjuiciamiento Criminal); en un nuevo escrito de calificación conjunta firmado por acusadores y acusado, y al inicio de las sesiones del juicio oral, antes de iniciarse la práctica de la prueba (artículo 787 de la Ley de Enjuiciamiento Criminal). Se ha planteado el problema de la validez del escrito conjunto cuando falte la firma de alguna de las acusaciones; el escrito debe contener desde luego la firma de la acusación o de las acusaciones que hubieran pedido en su escrito una pena superior a la que figure en la nueva calificación conjunta, pero si alguna de las acusaciones hubiera solicitado una pena inferior a la conformada la falta de su firma en el nuevo escrito de calificación no invalidará éste, pues su inicial petición no había llegado a la pena con la que finalmente se conforma el acusado.

B. En los juicios rápidos (artículo 801 de la Ley de Enjuiciamiento Criminal), la conformidad del acusado con la acusación del Ministerio Fiscal debe mostrarse en el mismo acto de presentación de su escrito, en aquellos casos en que no exista acusación particular, o en el escrito de defensa de la parte cuando dicha acusación particular esté personada.

C. En el procedimiento ordinario, la conformidad del acusado podía presentarse sólo en el escrito de defensa (artículo 655 de la Ley de Enjuiciamiento Criminal) y en el acto del juicio oral (artículo 688 y siguientes de la Ley de Enjuiciamiento Criminal).

D. En el procedimiento del Tribunal del Jurado, la Ley Orgánica del Tribunal del Jurado regula expresamente la conformidad (artículo 50 LOTJ) como una forma más de disolución del jurado, una vez que éste ha sido constituido, encontrándose la causa ante el órgano enjuiciador, por conformidad del acusado con el escrito de calificación que solicite la pena de mayor gravedad o por escrito conjunto de todas las partes presentado en el acto. No obstante ello, aunque la Ley no regule expresamente la posibilidad de la conformidad en la fase intermedia, tal posibilidad se desprende de la integración de aquella norma supletoriamente con las normas de la Ley de Enjuiciamiento Criminal (artículo 24.2 de la Ley Orgánica del Tribunal del Jurado) y, por tanto, del artículo 655 de la misma, en el que se regula la conformidad en el escrito de calificación provisional del acusado, y se ordena, previa ratificación personal del mismo ante el órgano de enjuiciamiento, que se dicte sentencia sin más trámites (Sentencia de la Audiencia Provincial de Asturias,

Sección 2ª, de 5 de marzo de 2001, Sentencia de la Audiencia Provincial de Madrid de 25 de abril de 2002 y Sentencia de la Audiencia Provincial de Vizcaya de 15 de abril de 2002, entre otras).

E. ¿Se podían modificar en el sumario las conclusiones al inicio del juicio y conseguir una conformidad?

No estaba prevista esta opción legalmente, pero tan sólo podría darse este supuesto si se llegara con carácter previo al juicio oral un acuerdo entre la defensa y la fiscalía y acusación particular, en su caso, en virtud del cual se acordará una modificación de la pena a interesar por las acusaciones en virtud de una confesión de los hechos y conformidad con la pena. Llegados a este punto hay que señalar que el juez o tribunal no interviene en estas actuaciones, ni puede hacerlo, pero si las partes comunican al juez o tribunal esta circunstancia podrá dar la palabra al Fiscal y acusaciones para que se pronuncien sobre esta modificación que se postula. En el caso de que fuere procedente la conformidad atendiendo a que la petición de pena de prisión fuere superior o no, a seis años podría dar la palabra al acusado para la conformidad en la forma y metodología ya vistos.

5.   CONTROL JUDICIAL DE LA CONFORMIDAD

El órgano judicial realizaba el control de la conformidad en orden a su homologación sobre los aspectos a los que se refieren los artículos 655 y 787 de la Ley de Enjuiciamiento Criminal y artículo 50.2 y 3 de la Ley Orgánica del Tribunal del Jurado, es decir, en primer lugar, sobre la corrección de la calificación aceptada y la procedencia de la pena con arreglo a esa calificación y, en segundo lugar, sobre la voluntariedad y el conocimiento de las consecuencias de la conformidad prestada.

A. Control sobre la corrección de la calificación

La intervención judicial una vez que se ha manifestado la conformidad recae, en primer lugar, sobre la corrección de la calificación presentada por la acusación o en el escrito conjunto. Este control parte necesariamente de los hechos relatados, que vinculan absolutamente al Juez o a la Audiencia Provincial, de modo que el tribunal no podrá alterarlos, modificarlos, añadir hechos nuevos u obviar alguno de los que se hayan introducido. Pues bien, a la vista de los hechos el juzgador había de valorar la corrección de la calificación jurídica. A diferencia de la anterior regulación, en la que las facultades de control judicial sobre la conformidad se limitaba a la tipicidad del hecho o a la existencia de circunstancias modificativas de la responsabilidad penal que se desprendieran de los hechos, el artículo 787 de la Ley de Enjuiciamiento Criminal se amplía las facultades del juzgador, y se le permitía un amplio control de la calificación con la que el acusado se ha conformado, que comprende todos sus extremos, desde la aplicación y procedencia del tipo penal —bien jurídico lesionado, gravedad de la pena correspondiente al título de acusación—, participación del acusado, grado de ejecución del delito o circunstancias modificativas.

La STS 88/2015, de 9 de abril, recuerda la necesidad de proceder como señala este precepto, (787,3 de la LECri), para respetar uno de los principios que integran las garantías constitucionales del proceso penal, como es el de contradicción: "... si la Sala considera incorrecta la calificación formulada, no puede aceptar sin más la conformidad entre las partes, prescindiendo de la celebración del juicio, y modificar posteriormente dicha calificación en la sentencia, inaudita parte, sino que debe trasladar su discrepancia a la acusación para que esta pueda modificar su escrito de Acusación en términos tales que la calificación sea correcta. Y, en otro caso, deber ordenar la continuación del juicio". El control del contenido del acuerdo está regulado en el artículo 787. 3 LECri, según el cual, si el juez considera que la calificación es incorrecta o la pena solicitada no procediere legalmente, requerirá a la parte para que manifieste si se ratifica o no en su calificación, y, en caso de ratificación, el juez ordenará la continuación del juicio.

B. Control sobre la procedencia de la pena

Además del control sobre la calificación jurídica de los hechos, debe el juzgador ejercer un control sobre la procedencia de la pena conformada, a la correlación entre la pena y la calificación jurídica. Por tanto, el control judicial se refiere solamente a que la pena solicitada figure precisamente en el tipo delictivo en donde el relato fáctico se ha encajado, tomando en consideración todas las circunstancias del caso. De este modo, si la pena no fuera la legalmente procedente de acuerdo con la calificación, se pondrá en marcha el mecanismo de la desvinculación judicial de la conformidad (artículo 787.3 de la Ley de Enjuiciamiento Criminal).

¿Se puede imponer pena mayor que la interesada por el Ministerio Fiscal o la acusación particular, aunque dentro del marco legal en los casos de conformidad?

Aunque no es práctica habitual, técnicamente sí que puede darse esta circunstancia, aunque dentro de los límites marcados en el Código Penal, ya que la conformidad aceptada por el acusado obliga solamente a tener en cuenta la literalidad de los hechos imputados, permitiendo al juzgador valorar o determinar su adecuada tipicidad o la concurrencia de circunstancias modificativas de la responsabilidad criminal, llevándole a imponer la pena con libertad de criterio, aunque, eso sí, dentro de los límites marcados por las reglas contenidas en el Código Penal, como lo recoge la Sentencia del Tribunal Supremo de 17 de diciembre de 2001, al señalar que:

"... Estima que se ha vulnerado el principio acusatorio al serle impuesta una pena mayor que la solicitada por el Ministerio Fiscal, en su escrito de conclusiones definitivas, a las que se adhirió plenamente mostrando su conformidad con las mismas y renunciando consiguientemente al informe oral por considerarlo innecesario.

La pena solicitada por el Ministerio Fiscal era de dos años de privación de libertad, mientras que la Sala sentenciadora impone una pena de tres años a pesar de que la causa se había tramitado por el Procedimiento Abreviado y el artículo 793.3 de la Ley de Enjuiciamiento Criminal impone, en estos casos, dictar sentencia de estricta conformidad con la aceptada por las partes.

Se ha dicho reiteradamente por la doctrina de esta Sala que la expresión "estricta conformidad" obliga solamente a tener en cuenta la literalidad de los hechos imputados, permitiendo al juzgador valorar o determinar su adecuada tipicidad o la concurrencia de circunstancias modificativas de la responsabilidad criminal, llevándole a imponer la pena con libertad de criterio, dentro de los límites marcados por las reglas contenidas en el Código Penal.

La conformidad implica un reconocimiento íntegro de los hechos, renunciando a la celebración del juicio o, en su caso, a la posibilidad de defenderse en el alegato final cuando la aceptación se ha producido en el momento de elevar a definitivas las conclusiones provisionales. Sus efectos son análogos a los de una confesión, por lo que los hechos no pueden ser atacados en posteriores recursos. Ahora bien, no por ello el órgano juzgador pierde las facultades que le proporciona fundamentalmente el artículo 66 del Código Penal y que le permite ajustar la pena en función, no sólo de las circunstancias modificativas de la responsabilidad criminal, sino también valorando las condiciones personales del delincuente y la mayor o menor gravedad del hecho..."

Pero es que, además, en la actualidad ha desaparecido la expresión estricta conformidad que constaba en la redacción anterior, por lo que el juez o tribunal pueden dictar sentencia por pena inferior o incluso absolutoria en los casos de conformidad, "Es claro que el juez o tribunal no puede imponer una pena más grave que la conformada, pero es discutible que pueda aplicar una pena inferior a la solicitada o incluso absolver. Pese a la literalidad del artículo 787.1 de la LECri, que parece obligar al juez o tribunal a aplicar la pena conformada («Si la pena no excediere de seis años de prisión, el Juez o Tribunal dictará sentencia de conformidad con la manifestada por la defensa»), un sector de la doctrina sostenía que es posible la aplicación de una pena inferior a la conformada o, incluso, la absolución".[3, 4, 5]

Así, señalan, por ejemplo, estos autores que con la redacción del artículo 787 de la Ley de Enjuiciamiento Criminal el tribunal puede dictar sentencia individualizando la condena según proceda en derecho. Así, apuntan que los únicos límites que debe tener el juez serán:

— No puede hacer una valoración de los hechos que deberá tener por admitidos.
— La sentencia no puede imponer pena cuantitativamente superior a la solicitada por la acusación, pero sin que ello suponga que el juez o tribunal pierda sus facultades de aplicar el derecho según el principio *iura novit* curia. quedando fuera del control judicial el ámbito discrecional de la penalidad en el que se materializa su individualización.[6]

C. Control sobre la voluntariedad de la conformidad

A su vez, debia controlar el juez la libre prestación por el acusado de la conformidad, y su conocimiento acerca de las consecuencias de la misma, y para ello se le ha debido oír al respecto en todo caso (artículos 688 y 787.2 de la Ley de Enjuiciamiento Criminal), ratificando dicha conformidad a presencia

3. (GÓMEZ, 2021, pp. 415-416; GÓMEZ, J.-L. (2021). *El juicio oral: conformidad y desvinculación. En J.-L. GÓMEZ COLOMER y S. BARONA VILAR (coord..), Proceso Penal. Derecho Procesal III (pp. 405-425)*. Valencia: Tirant lo Blanch.
4. RIFÁ, J. M., RICHARD, M., & RIAÑO, I. (2006). *Derecho procesal penal. Pamplona: Gobierno de Navarra*
5. RODRÍGUEZ, N. (2016). *La conformidad. En J. Nieva Fenoll y L. Bujosa Vadell (directores), Nociones preliminares de Derecho Procesal Penal (pp. 137-147). Barcelona: Atelier.*
6. Antonio del MORAL GARCÍA, *"La conformidad en el proceso penal, reflexiones al hilo de su regulación en el ordenamiento español", Revista Auctoritas Prudentium (2008).*

judicial (artículo 50.1 de la Ley Orgánica del Tribunal del Jurado). La conformidad ha de ser un acto jurídico voluntario y espontáneo que, evidentemente, no puede haberse formulado bajo presión externa que llegue a viciar la voluntad del acusado, es decir, que no existe inducción a la conformidad mediante ningún género de amenazas, coacciones, etc. Con este fin, el juez o tribunal, una vez que el acusado ha sido informado de las consecuencias, le requiere para que manifieste si presta su conformidad (artículo 787.4). Además, el acusado debe conocer y comprender las consecuencias de la conformidad, y el juzgador debe controlar que conoce y comprende la acusación con la que se conforma y sus consecuencias, sobre las que le deberá informar el Letrado de la Administración de Justicia (artículo 787.4): que está renunciando a su defensa en el juicio oral —a su derecho a no declarar contra sí mismo, a no confesarse culpable, y a la presunción de inocencia— y la pena que se le va a imponer. Por ello, si el juez alberga "dudas sobre si el acusado ha prestado libremente su conformidad, acordará la continuación del juicio" (artículo 787.4 de la Ley de Enjuiciamiento Criminal).

6. VINCULACIÓN JUDICIAL A LA CONFORMIDAD PRESTADA

Ya la Sentencia del Tribunal Supremo, Sala 2ª, de 9 Julio de 1978 decía que "la conformidad crea por mandato legal un estado de hecho y de derecho vinculante para las partes intervinientes y para el propio tribunal". El artículo 787.1 de la Ley de Enjuiciamiento Criminal, intentando crear una vinculación plena del juzgador a la conformidad si considera que los hechos están correctamente calificados y la pena pedida es procedente, dispone que se podrá pedir "al juez o Tribunal que proceda a dictar sentencia de conformidad con el escrito de acusación que contenga pena de mayor gravedad", y si la pena no excede de seis años de prisión "el juez o Tribunal dictará sentencia de conformidad con la manifestada por la defensa"; el artículo

787.2 de la Ley de Enjuiciamiento Criminal establecía que si la calificación es correcta y la pena procedente el juzgador "dictará sentencia de conformidad". El artículo 655 de la Ley de Enjuiciamiento Criminal señalaba que, manifestada la conformidad por el acusado, si no se conceptúa necesaria la continuación del juicio, el Tribunal "dictará sin más trámites la sentencia que proceda según la calificación mutuamente aceptada, sin que pueda imponer pena mayor que la solicitada". Así pues, la Ley ha cuidado de vincular al juzgador con la voluntad libremente manifestada por las partes, cuando además ésta tiene un perfecto acomodo en el Código Penal; de modo que, si la pena no supera los seis años de prisión, o se tratara de cualquier otra pena de diferente naturaleza, la calificación conforme era vinculante para el juzgador en todos sus aspectos. Es decir, alcanzaría a todos los elementos determinados por el artículo 650 de la Ley de Enjuiciamiento Criminal: la descripción del hecho (Sentencias del Tribunal Supremo, Sala 2ª, de 28 de febrero de 1996 y 4 de febrero de 1997), su configuración jurídica, la pena concreta (Sentencia del Tribunal Supremo, Sala 2ª, de 30 de septiembre de 1993) y, en su caso, la petición de responsabilidades civiles.

Ahora bien, todo lo expuesto no impide que la ley autorizase en algunos casos al juez o tribunal para que se desvincule de lo pedido por todas las partes, sucesiva o conjuntamente, lo que pasa por un rechazo de la conformidad. En el procedimiento abreviado, el artículo 787.1 de la Ley de Enjuiciamiento Criminal establece que el juez dictará sentencia de conformidad si la pena no excede de seis años, y si concurren los requisitos establecidos en los apartados siguientes, que no son otros que la correcta calificación y procedencia legal de la pena, y, por otro lado, la voluntariedad de la conformidad. De manera que, si estos presupuestos no concurren, y la parte que presentó el escrito de acusación más grave no rectifica, se acordará la continuación del juicio. Asimismo, el artículo 787.3 introduce un control de legalidad más amplio, y una posible desvinculación de la conformidad también mayor, pues recoge un control de legalidad que puede operar tanto a favor del reo (exención, atenuación o atipicidad) o en contra del mismo (agravantes) esta última incluida en el artículo 787 bajo la general expresión de "calificación incorrecta o pena de mayor gravedad"; pero ese control no lleva a la sentencia, sino que el juez o tribunal había de ordenar la continuación del juicio oral. Por su parte, en el procedimiento ordinario, además de aquel control de los presupuestos de la conformidad, se recogía expresamente el control judicial de legalidad en contra del reo en el artículo 655 de la Ley de Enjuiciamiento Criminal, que prevé la improcedencia de la calificación porque deba hacerse otra más grave, lo que conduciría igualmente a la continuación del juicio. Finalmente, en el procedimiento del Tribunal del Jurado, el artículo 50.3 de la Ley Orgánica del Tribunal del Jurado recoge la posibilidad de desvincularse el Magistrado-Presidente del Tribunal del Jurado de la conformidad presentada cuando entendiera que los hechos aceptados "pudieran no ser constitutivos de delito o que pueda resultar la concurrencia de una causa de exención o de preceptiva atenuación" con la consecuencia de no proceder a la disolución del jurado y, "previa audiencia de las partes, someter a aquél (el Jurado) por escrito el objeto del veredicto". En definitiva, lo que realmente vinculaba al juzgador, como se ha dicho, es el relato fáctico aceptado por las partes y no necesitado de actividad probatoria, pues la conformidad excluye toda tarea para llegar a la libre convicción sobre los hechos, pudiendo desvincularse de la conformidad en su control de la legalidad de esta.

7. LOS RECURSOS CONTRA LA SENTENCIA DE CONFORMIDAD

Las sentencias de conformidad serán recurribles, según el caso, en apelación ante la Audiencia Provincial (artículos 790 a 792 de la Ley de Enjuiciamiento Criminal) si hubieran sido dictadas por el Juez de lo penal, en Apelación ante la Sala de lo Penal del Tribunal Superior de Justicia cuando el conocimiento del proceso hubiera correspondido a una Audiencia Provincial, o ante la Sala de lo Penal del Tribunal Superior de Justicia cuando la sentencia la hubiere dictado el Magistrado-Presidente del Tribunal del Jurado.

Ahora bien, el acusado no podrá impugnar por razones de fondo (por falta de tipicidad, indebida aplicación de un precepto penal, etc.) la conformidad que libremente hubiera prestado, en aplicación de la doctrina de los actos propios.

Una constante doctrina jurisprudencial (Sentencias del Tribunal Supremo, Sala 2ª, de 9 de mayo de 1.991, 19 de julio de 1.996, 26 de octubre de 1.998, 27 de diciembre de 1.999 y N.º 1784/2000, de 20 de diciembre, entre otras) ha venido recordando que las sentencia dictadas por conformidad de las partes no pueden ser objeto de revisión casacional, porque la plena aceptación por el acusado de los hechos imputados por la acusación, de la calificación jurídica de éstos y de la pena interesada, todo ello con la garantía y el aval del defensor, implica un desistimiento implícito a impugnar en sede de casación las cuestiones fácticas, jurídicas y penológicas que previamente se habían aceptado en el trámite procesal previsto a tales efectos por la ley y con observancia de cuantos requisitos y formalidades exige la norma reguladora de esa institución (artículo 793.3 —hoy artículo 787— en el procedimiento abreviado, y artículo 655 para el proceso ordinario, ambos de la Ley de Enjuiciamiento Criminal). En consecuencia, las sentencias dictadas en régimen de conformidad que se regulan en el artículo 787 de la Ley de Enjuiciamiento Criminal en el procedimiento abreviado) no pueden ser recurridas por razones de fondo si la conformidad ha sido libremente pactada.

Como excepción a este régimen general, cabría interponer recurso contra las mismas cuando no se respeten los requisitos formales, materiales y subjetivos legalmente necesarios para la validez de la sentencia de conformidad o no se hayan respetado los términos del acuerdo entre las partes (Auto del Tribunal Supremo, Sala 2ª, N.º 1819/2003, de 6 noviembre). Así, la Sentencia del Tribunal Supremo, Sala 2ª, N.º 1087/2001, de 8 junio [Rec. 3883/1999] admitió la recurribilidad de una sentencia dictada por conformidad de las partes al estar la impugnación limitada al alcance penológico del fallo de la resolución de instancia dados los términos en que se formuló la petición acusadora. En dicha sentencia se recogía un exceso punitivo en las penas accesorias, ya que se imponían dos penas (suspensión de empleo o cargo público e inhabilitación especial del derecho de sufragio pasivo durante el tiempo de la condena) cuando el artículo 56 del Código Penal sólo autoriza la imposición de "alguna" de las penas que a renglón seguido describe, razón por la cual se suprimió la pena de suspensión de empleo o cargo público.

Por otro lado, la Sentencia del Tribunal Supremo, Sala 2ª, N.º 339/2005 de 21 de Marzo, reconoce la posibilidad de revisión de las sentencias conformidad, ya que "la conformidad expresada en el proceso no debe ser equivalente a la prueba de los hechos mediante confesión, dado que no se basa en un expreso reconocimiento de la autoría, sino en la presión que ejercía en el caso concreto sobre la Defensa y el acusado el riesgo de ser sometido a una pena mayor ante la situación de imposibilidad de conseguir otras pruebas —que como se vio existían— y, en el caso de que no se le creyera su versión de los hechos —que como se vio era real—, no tuviera ningún otro elemento para contradecir la acusación. Por otra parte, entendemos que un nuevo informe proveniente de la Dirección General de la Policía conteniendo una aclaración decisiva sobre los hechos, proveniente de sus propios archivos a los que el acusado no tenía acceso y que, además, desmiente la versión anterior que sirvió de único apoyo de la acusación, cumple con las exigencias formales del artículo 954.4 de la Ley de Enjuiciamiento Criminal."

La sentencia del Tribunal Supremo de 21 de marzo de 2012 trata sobre la circunstancia de que la regla general de inadmisibilidad del recurso de casación frente a las sentencias dictadas de conformidad está condicionada a una doble exigencia: que se hayan respetado los requisitos formales, materiales y subjetivos legalmente necesarios para la validez de la sentencia de conformidad y que se hayan respetado en la sentencia los términos del acuerdo entre las partes.

Así, por ejemplo, desde la primera de dichas perspectivas resulta admisible un recurso interpuesto frente a una sentencia de conformidad, cuando se alegue que se ha dictado en un supuesto no admitido por la ley en razón de la pena, cuando se alegue que no se han respetado las exigencias procesales establecidas (por ejemplo la «doble garantía» o inexcusable anuencia tanto del acusado como de su letrado), cuando se alegue un vicio de consentimiento (error, por ejemplo) que haga ineficaz la conformidad (sentencia 23 de octubre de 1975), o, en fin, cuando, excepcionalmente, la pena impuesta no sea legalmente procedente conforme a la calificación de los hechos, sino otra inferior, vulnerándose el principio de legalidad (sentencia 17 de abril de 1993).

Desde la segunda de dichas perspectivas, resulta admisible el recurso interpuesto contra sentencias que no respeten los términos de la conformidad de las partes, bien en el relato fáctico, bien en la calificación jurídica o bien en la penalidad impuesta , debiendo recordarse que la admisibilidad del recurso no determina la decisión que en su momento haya de adoptarse sobre su estimación, pues el Tribunal sentenciador, por ejemplo, no pierde sus facultades de individualizar la pena en cuantía inferior a la solicitada (sentencias 4 de diciembre 1990, 17 de junio y 30 de septiembre de 1991, 17 de julio de 1992, 11, 23 y 24 de marzo de 1993), teniendo como límite en cuanto a la penalidad no poder imponer pena más grave que la pedida y conformada (cfr. STS 27-4-1999).

Dicha conformidad, como dice la Sentencia de 1 de marzo de 1988, resumiendo la doctrina de esta Sala, para que surta sus efectos, ha de ser necesariamente «absoluta», es decir, no supeditada a condición, plazo o limitación de cosa alguna; «personalísima», o, dimanante de los propios acusados o ratificada por ellos personalmente y no por medio de mandatario, representante o intermediario; «voluntaria», esto es, consciente y libre; «formal», pues debe reunir las solemnidades requeridas por la ley, las cuales son de estricta observancia e insubsanables; «vinculante», tanto para el acusado o acusados como para las partes acusadoras, las cuales una vez formuladas, han de pasar tanto por la índole de la infracción como por la clase y extensión de la pena mutuamente aceptada e incluso para las Audiencias , salvo en los casos antes expresados; y, finalmente, «de doble garantía», pues se exige inexcusablemente anuencia de la defensa y subsiguiente ratificación del procesado o procesados —en la hipótesis contemplada en el artículo 655— o confesión de acusado o acusados y aceptación tanto de la pena como de la responsabilidad civil, más la consecutiva manifestación del defensor o defensores de no considerar necesaria la continuación del juicio —artículos 688 y ss. LECri—."

Finalmente, el redactado del art. 792.2 LECri., tras la reforma operada por la Ley 41/2015, de 5 de octubre, permitiría una eventual nulidad de la sentencia dictada de conformidad cuando se hubiera producido alguna circunstancia susceptible de comprometer la debida imparcialidad del órgano de primera instancia.

8. ALCANCE DE LA CONFORMIDAD SOBRE LA RESPONSABILIDAD CIVIL

La conformidad de los acusados, manifestada en el acto del juicio, no obliga al juez o Tribunal a dictar un pronunciamiento sobre responsabilidades civiles ajustado a lo pedido por el Fiscal o la acusación particular, ya que la jurisprudencia del Tribunal Supremo señala que se pueden revisar las peticiones sobre responsabilidades civiles.

Señala la Sentencia del Tribunal Supremos de 4 de junio de 2002 que:

"... Los artículos 103 y 104 del Código Penal de 1973 y los similares 112 y 113 del Código Penal de 1995 al regular los términos de obligación de reparar los daños causados y de indemnizar los perjuicios causados, se están indudablemente refiriéndose a los daños y perjuicios ocasionados por el obligado a reponer e indemnizar, siendo obvio que tal obligación no podía imponerse a una persona totalmente ajena al hecho delictivo originador de los daños y perjuicios."

"... Por ello debe estimarse el recurso, por considerar que la imposición a Eusebio y a Marcelino de la obligación de indemnizar a Raúl y a Ildefonso, supuso la infracción de los artículos 19, 103 y 104 del Código Penal de 1973, y de los artículos 109, 112 y 113 del Código Penal de 1995.

La conformidad de los acusados, manifestada en el acto del juicio, no obligaba al Tribunal a quo a dictar un pronunciamiento sobre responsabilidades civiles ajustado a lo pedido por el Fiscal, ya que según jurisprudencia de esta Sala (Sentencias de 3 de julio y 7 de noviembre de 1990) las Audiencias, en tales supuestos de conformidad no pueden imponer pena más grave que la mutuamente aceptada, aunque sí absolver o imponer pena inferior a la convenida, y lógicamente también pueden revisar las peticiones sobre responsabilidades civiles, cuando de los hechos declarados probados en virtud de la conformidad, y por aplicación de las normas del Código Penal, no cabe deducir las consecuencias indemnizatorias interesadas por la Acusación."

9. EL INVESTIGADO O LOS INVESTIGADOS

La conformidad desde el punto de vista del investigado debe ser total, no puede ser parcial en alguno de sus extremos,

Cuando se trata de numerosos investigados en un mismo proceso, la posición mantenida por la doctrina del Tribunal Supremo ha evolucionado en el sentido de admitir la conformidad de algunos investigados y no de la totalidad. En el mismo sentido la doctrina del Tribunal Constitucional.

Tribunal Supremo, Sala Segunda, de lo Penal, Sentencia 280/2020 de 4 jun. 2020, Rec. 3789/2018 y Tribunal Supremo, Sala Segunda, de lo Penal, Sentencia 287/2020 de 4 jun. 2020, Rec. 3261/ 2018.

Así "STS 287/2020, FJ 2°. En este sentido abundan muchas otras STS: 1014/2005, de 9 de septiembre, FJ 5°; 260/2006, de 9 de marzo, FJ 4°; 88/2011, de 11 de febrero, FJ 1° y 422/2017, de 13 de junio FJ 1°. Sin embargo, en sentido opuesto, la conformidad de varios de los acusados al inicio de la vista oral del juicio no generó indefensión para los restantes, ni en el ámbito probatorio, ni en el penal sustantivo. Se trataba de conformidades parciales en que los conformes no abandonaron el juicio oral, pudiendo ser interrogados por las restantes defensas. No era una conformidad. Se trató de la celebración de un juicio con parte de los acusados aceptando la acusación y las penas, lo que es muy distinto. La STC 126/2011, de 18 de julio, rechazó que una conformidad parcial causase por sí misma indefensión y trasladó la cuestión suscitada al ámbito propio de la presunción de inocencia: sería un problema de valoración como prueba de las declaraciones de coimputados. En esta misma línea STS 784/2012, de 5 de octubre, FJ 1°, STS 91/2019, de 19 de febrero, FJ 1° y STS 54/2023, de 13 de enero, FJ 1°."

Esta forma de celebración de juicio permite agilizar las vistas en las que existe numerosos investigados con una participación y autoría diversa, si bien en un primer momento se proscribía esta praxis judicial, hoy en día está cobrando protagonismo y admisión plena en el foro, siendo doctrinalmente y legalmente aceptada[7].

"De todas maneras, el Tribunal Supremo ya se ha pronunciado al respecto sobre esta cuestión, admitiendo la conformidad parcial en dos sentencias a las que nos referimos en un artículo doctrinal, a saber: Tribunal Supremo, Sala Segunda, de lo Penal, Sentencia 280/2020 de 4 jun. 2020, Rec. 3789/2018 (LA LEY 52280/2020) y Tribunal Supremo, Sala Segunda, de lo Penal, Sentencia 287/2020 de 4 jun. 2020, Rec. 3261/2018 (LA LEY 52292/2020). En las mismas se concluye que:"

---

7. MAGRO SERVET, (*Diario la ley n° 9799 al analizar este tipo de conformidades y su admisión en el Proyecto de medidas de eficiencia procesal, reformas procesales afirmaba:*

1. "En el caso de que intentada la conformidad anticipada antes del día del juicio unos acusados se conformen y otros no, no será posible excluir del juicio a los que se conformen, ya que éstos deberán acudir al juicio y conformarse en sede de juicio oral, no siendo válido una conformidad anticipada en la oficina judicial, sino que en este caso deberá producirse el día del juicio oral."

2. "La conformidad debe prestarse, por ello, en juicio oral en juicios con varios acusados cuando no todos se deseen conformar con la más grave de las acusaciones."

3. "En estos casos el Tribunal no puede dictar sentencia de conformidad respecto a los que se conforman en ese acto, sino que el juicio debe seguir adelante y celebrarse. Otra cosa es que refleje en la sentencia respecto a los que se conforman lo que se haya acordado con relación a la acusación y su aceptación de hechos y pena por los acusados que optan por la conformidad."

4. "En estos casos se ordenará la continuación del juicio, no pudiendo marcharse los acusados que se han conformado, ya que el juez o presidente del Tribunal deberá dar opción a las defensas de los acusados que no se han conformado para que les interroguen a los que lo han hecho."

5. "Los acusados que se han conformado podrán negarse a contestar a las preguntas que se les formulen."

6. "Una vez cubierto este trámite podrán interesar sus defensas si pueden abandonar la Sala, pudiendo concederse este derecho por el Tribunal, aunque debiendo comparecer el último día para el ejercicio del derecho de última palabra, ya que el juicio continuó en toda su integridad."

Ahora bien, algunos autores hablan de confesión en lugar de conformidad, porque debe someterse a algunos requisitos como practica de prueba, y sobre todo realizarse toda la prueba afectante al investigado no confeso. Teniendo todos los derechos del investigado.

Otra modalidad es cuando la pena es superior a 6 años, en las que el simple reconocimiento de hechos no puede sustentar la condena, sino no existe un material probatorio practicado en el plenario que sustente esa confesión. SSTS, núm. 1505/2016 de 7 de abril, y núm. 4663/2016 de 27 de octubre.

En la práctica totalidad de las Audiencias, se llevan a cabo estas conformidades, habiéndose implantado en la praxis del foro.

10. PROYECTO DE LEY DE EFICIENCIA PROCESAL DEL SERVICIO PÚBLICO DE JUSTICIA. REFORMAS PROCESALES. CONFORMIDAD PENAL

El Consejo de Ministros del 12 de abril de 2022 aprobó dos importantes proyectos de ley que van a afectar a la administración de justicia en general: el de "Eficiencia Organizativa" y el de "Eficiencia Procesal" del Servicio Público de Justicia, que, junto con el de "Eficiencia Digital", forman parte del llamado "Plan Justicia 2030", suponen transformar el modelo actual de Justicia y buscan agilizar y hacer más eficientes los procedimientos de los cuatro órdenes jurisdiccionales, facilitando el acceso de los ciudadanos a dicho servicio público.

El 22 de abril de 2022 se publicó en el Boletín Oficial de las Cortes Generales el Proyecto de Ley de medidas de eficiencia procesal del servicio público de Justicia. El texto normativo tenía por objeto la adopción de una serie de medidas en nuestro sistema judicial, con las que se pretendía, afianzar que el acceso a la justicia suponga la consolidación de derechos y garantías de los ciudadanos; que su funcionamiento como servicio público se produzca en condiciones de eficiencia operativa y que la transformación digital de nuestra sociedad reciba traslado correlativo en la Administración de Justicia.

Para ello, se proponía el establecimiento de una serie de medidas que reformaban distintas leyes del panorama nacional, en concreto la Ley de Enjuiciamiento Criminal, aprobada por el Real Decreto de 14 de septiembre de 1882; la Ley 29/1998, de

13 de julio, reguladora de la Jurisdicción Contencioso-Administrativa; la Ley 1/2000, de 7 de enero, de Enjuiciamiento Civil; la Ley 36/2011, de 10 de octubre, reguladora de la Jurisdicción Social; y la Ley 15/2015, de 2 de julio, de la Jurisdicción Voluntaria.

Dentro de las modificaciones que el texto proyectado preveía en la LECri se encontraba la reforma de una de las instituciones más clásicas de nuestra tradición jurídica, la conformidad. A través de los cambios articulados en el texto, se pretendía obtener una mayor agilización procesal potenciando la finalización pactada de la controversia entre las partes.

La aprobación del texto se enmarcaba en el Plan de Recuperación, Transformación y Resiliencia, constituyendo una reforma que tenía como finalidad, el impulso del Estado de Derecho y eficiencia del Servicio Público de la Justicia, cuyo cumplimiento estaba previsto para el cuarto trimestre de 2022. En este sentido, la parte expositiva de la *Council Implementation Decision* (CID) señalaba que se debía aprobar, a más tardar el 31 de diciembre de 2022, *"la Ley de eficiencia procesal a fin de acortar la duración de los procedimientos en todas las jurisdicciones, preservando al mismo tiempo las garantías procesales de los ciudadanos, así como el establecimiento de medios alternativos adecuados de solución de controversias".*

Pese a tal previsión temporal, la Ley de medidas de eficiencia procesal del servicio público de Justicia, no entró en vigor. En su reunión del día 1 de junio de 2023, la Mesa de la Diputación Permanente acordó, una vez producida la disolución de la Cámara como consecuencia del adelanto electoral, publicar una relación de iniciativas parlamentarias que se hallaban en tramitación en el momento de la disolución, y que han caducado como consecuencia de ésta. Dentro de estas iniciativas parlamentaria se encontraba el Proyecto de Ley de medidas de eficiencia procesal del servicio público de Justicia, donde se regulaba la conformidad penal, publicado en el BOE el 2 de Enero de 2025, con un periodo de tres meses para entrar en vigor.

En la Exposición de motivos del Real Decreto-ley 6/2023, de 19 de diciembre, en vigor desde el 20 de marzo de 2024, por el que se aprueban medidas urgentes para la ejecución del Plan de Recuperación, Transformación y Resiliencia en materia de servicio público de justicia, función pública, régimen local y mecenazgo, se hace referencia al motivo de su no entrada en vigor como hemos apuntado antes "En lo que a las reformas normativas se refiere, cabe tener en cuenta que, como consecuencia de la disolución anticipada del Congreso de los Diputados y del Senado por Real Decreto 400/2023, de 29 de mayo, de disolución del Congreso de los Diputados y del Senado y de convocatoria de elecciones, quedaron precipitadamente inconclusos los procedimientos legislativos correspondientes a algunas de estas reformas integradas como hitos del cuarto desembolso. Así ocurrió con el Proyecto de Ley 121/000097, de medidas de eficiencia procesal del servicio público de Justicia (BOCG de 22 de abril de 2022); el Proyecto de Ley 121/000116, de Medidas de Eficiencia Digital del Servicio Público de Justicia (BOCG de 12 de septiembre de 2022); el Proyecto de Ley 121/000149, de la Función Pública de la Administración del Estado (BOCG de 24 de marzo de 2023); o la Proposición de Ley de modificación de la Ley 49/2002, de 23 de diciembre, de régimen fiscal de las entidades sin fines lucrativos y de los incentivos fiscales al mecenazgo (BOCG de 5 de mayo de 2023)." Así,

El proyecto de Ley de "Eficiencia Procesal" pivotaba en tres pilares:

La transformación digital. Que ha dado lugar al RD 6/2023 de 19 de diciembre, en el que en el Orden Penal regula la digitalización de los actos de comunicación, entre el Órgano jurisdiccional y las partes incluyendo sus representaciones procesales. Y también se dispone normas relativas al expediente digital o electrónico. En vigor desde el 20 de marzo de 2024.

Los llamados "Medios Adecuados de Resolución de Controversias", en acrónimo "MASC", para procedimientos civiles y mercantiles. Consiste en "cualquier tipo de actividad negociadora, tipificada en esta u otras leyes, a la que las partes de un conflicto acuden de buena fe con el objeto de encontrar una solución extrajudicial al mismo, ya sea por sí mismas o con la intervención de un tercero neutral". Actualmente en vigor. Y las reformas procesales.

Centrándonos en las reformas procesales, y más en concreto en lo que afecta a los procedimientos penales, en el citado proyecto se contemplaba una nueva reforma parcial de la Ley de Enjuiciamiento Criminal, al menos hasta que se apruebe la futura norma procesal penal que trasladará la instrucción al Ministerio Fiscal (al respecto, el grupo interinstitucional nombrado por el Ministerio de Justicia ha concluido sus labores, clausurándose la mesa de trabajo que se inició en octubre de 2021.

En su artículo 18 el Anteproyecto recoge la reforma de hasta 18 preceptos, títulos y disposiciones del Código Procesal Penal (arts. 512, 514, 643, 655, 688, 746, 771, 776, 785, 786, 787, 787 ter, 812, 954.3, 988 bis y Disposición Adicional Octava).

La nota emitida al respecto y el tríptico elaborado por el Ministerio de Justicia ya nos dan una idea de los principales aspectos que se abordarán con esta reforma de la actual norma procesal penal. El Ministerio lo destacaba en ocho puntos:

1. Se evita la reiteración de trámites en el ofrecimiento de acciones.
2. Se actualiza el régimen de requisitorias: tablón digital.
3. Se reforma la conformidad penal en el procedimiento sumario y abreviado:
   — Será posible en todos los delitos.
   — Audiencia previa de la víctima.
   — Como garantía del derecho del acusado, se exige la información escrita del abogado al acusado de los términos de la conformidad.
5. Se instaura una audiencia preliminar preparatoria del juicio oral: solo con Ministerio Fiscal, partes y acusados, para depurar prueba y cuestiones que pudieran suponer una suspensión del juicio.
6. Reglas especiales para celebración de actuaciones judiciales por videoconferencia: es necesaria la presencia física del acusado y de su abogado en delitos menos gra-

ves y comparecencias de prisión, de conformidad con la Directiva 216/343, de 9 de marzo.

7. Se ordena la fase de ejecución penal y se regula por primera vez la liquidación de condena.

8. Procedimiento de revisión de resolución firme por sentencia de TEDH: intervención necesaria del Abogado del Estado como parte.

En esta reforma de la Ley de Enjuiciamiento criminal que se anticipaba a la nueva Ley para su inminente entrada en vigor con motivo del texto de la norma de medidas de eficiencia procesal, se determina la potenciación de la conformidad penal en aras a mejorar la aplicación del principio de oportunidad y, por otro lado, la reducción del volumen de juicios en el orden penal. Se permiten las conformidades cualesquiera que sean las penas en abstracto a imponer, art. 787 de la reforma y se permite las conformidades parciales, apartado 9 del art 785 dejando sin resolver y sin desarrollar que los investigados que han mostrado su conformidad deberán acudir como testigos al enjuiciamiento del resto que no se han conformado[8]. Añadiendo "Para el caso de que la conformidad se hubiera alcanzado solo por alguno o algunos de los acusados, se dictará sentencia respecto de ellos, continuándose el procedimiento en relación con el resto de los acusados. Art 785,9 de la Reforma.". Constituye este apartado noveno," un tema esperado por la doctrina del foro y estrados, como es, el de la posibilidad de la conformidad parcial en juicios con varios acusados. No tenía sentido que si algunos letrados habían llegado a un pacto de conformidad con la fiscalía no pudieran conformarse por la circunstancia de que otros letrados de coimputados en el proceso penal no quisieron aceptar esa conformidad respecto de

---

8. MAGRO SERVET, apunta comentando la Reforma que esta regulación de conformidades parciales debe tener un desarrollo posterior, considerando positivo estas conformidades parciales que tan frecuentes son en el foro de las Audiencias. (Diario la Ley núm. 9799)

ellos y quisieran someterse al juicio oral. Esta imposibilidad que hasta ahora se estaba llevando a cabo en algunos procedimientos judiciales era absolutamente injusta y perjudicial del derecho de defensa, ya que este derecho no puede estar hipotecado por la forma en que el mismo puede ejercerse por aquellos que no quieran conformarse."

"La negativa a la emisión de la conformidad parcial estaba mermando los derechos de defensa de muchos acusados en procesos complejos, o no, pero en los que había varios acusados. Y esta circunstancia de múltiples personas que sean llevadas al proceso penal se da hoy en día con mucha frecuencia, lo cual este criterio atentaba contra el ejercicio del derecho de defensa que de esta manera se subsana en esta reforma."

Cuando la pena a imponer en conformidad sea superior a los cinco años, el Juez de conformidades deberá oirá al investigado y citara a las partes para oírlas previamente a dictar sentencia de conformidad y que justifiquen los indicios racionales de criminalidad, no basta el reconocimiento de los hechos.

Así se recoge en el nuevo art. 785.4 LECri que:

4. En la misma comparecencia, las partes podrán pedir al Juez o Tribunal que proceda a dictar sentencia de conformidad con el escrito de acusación que contenga pena de mayor gravedad, o con el que se presentará en ese acto, que no podrá referirse a hecho distinto, ni contener calificación más grave que la del escrito de acusación anterior. El Juez o Tribunal dictará sentencia de conformidad con la pena manifestada por la defensa y el acusado, si concurren los requisitos establecidos en los apartados siguientes. Cuando la pena pactada sea superior a cinco años de prisión, se acompañará a la solicitud una justificación de la existencia de indicios racionales de criminalidad distintos al mero reconocimiento de los hechos por parte de la persona investigada.

Continua el artículo 785 de la reforma,

5. "Si, a partir de la descripción de los hechos aceptada por todas las partes, el Juez o Tribunal entendiere que la cali-

ficación aceptada es correcta y que la pena es procedente según dicha calificación, dictará sentencia de conformidad. El Juez o Tribunal habrá oído en todo caso al acusado acerca de si su conformidad ha sido prestada libremente y con conocimiento de sus consecuencias."

6. "En caso de que el Juez o Tribunal considerare incorrecta la calificación formulada o entendiere que la pena solicitada no procede legalmente, requerirá a la parte que presentó el escrito de acusación más grave para que manifieste si se ratifica o no en él. Sólo cuando la parte requerida modificare su escrito de acusación en términos tales que la calificación sea correcta y la pena solicitada sea procedente y el acusado preste de nuevo su conformidad, podrá el Juez o Tribunal dictar sentencia de conformidad. En otro caso, ordenará la continuación del juicio." (Control de la legalidad de la conformidad).

7. "Una vez que la defensa del acusado manifieste su conformidad, el Juez o presidente del Tribunal informará al acusado de sus consecuencias y a continuación le requerirá a fin de que manifieste si presta su conformidad. Cuando el Juez o Tribunal albergue dudas sobre si el acusado ha prestado libremente su conformidad, acordará la continuación del juicio."

8. "No vinculan al Juez o Tribunal las conformidades sobre la adopción de medidas protectoras en los casos de limitación de la responsabilidad penal."

9. "La sentencia de conformidad se dictará oralmente y documentará conforme a lo previsto en el apartado 2 del artículo 789, sin perjuicio de su ulterior redacción. Si el fiscal y las partes, conocido el fallo, expresaran su decisión de no recurrir, el juez, en el mismo acto, declarará oralmente la firmeza de la sentencia, y se pronunciará, previa audiencia de las partes, sobre la suspensión de la pena impuesta. También resolverá el juez sobre los aplazamientos de las responsabilidades pecuniarias y se realizarán, en cuanto fuera posible, los requerimientos y liquidaciones de condena de las penas impuestas en la

sentencia. Para el caso de que la conformidad se hubiera alcanzado solo por alguno o algunos de los acusados, se dictará sentencia respecto de ellos, continuándose el procedimiento en relación con el resto de los acusados." (dos sentencias para un mismo proceso).

10. "Únicamente serán recurribles las sentencias de conformidad cuando no hayan respetado los requisitos o términos de la conformidad, sin que el acusado pueda impugnar por razones de fondo su conformidad libremente prestada." (recursos)

11. "Cuando el acusado sea una persona jurídica, la conformidad deberá prestarla su representante especialmente designado, siempre que cuente con poder especial. Dicha conformidad, que se sujetará a los requisitos enunciados en los apartados anteriores, podrá realizarse con independencia de la posición que adopten los demás acusados, y su contenido no vinculará en el juicio que se celebre en relación con éstos,"

Para el Proceso Ordinario.

"Artículo 655. Al evacuar la representación del procesado el traslado de calificación de las partes acusadoras podrá manifestar su conformidad absoluta con aquella que más gravemente hubiere calificado, si hubiere más de una, y con la pena que se le pida; expresándose además por la asistencia letrada si, esto, no obstante, conceptúa necesaria la continuación del juicio. Cuando la pena pactada sea superior a cinco años de prisión, se acompañará a la calificación una justificación de la existencia de indicios racionales de criminalidad distintos al mero reconocimiento de hechos por parte de la persona investigada. Si no la conceptúa necesaria, el Tribunal, previa ratificación del procesado, dictará sin más trámites la sentencia que proceda según la calificación mutuamente aceptada, sin que pueda imponer pena mayor que la solicitada. Si ésta no fuese la procedente según dicha calificación, sino otra mayor, acordará el Tribunal la continuación del juicio. También continuará el juicio si fuesen varios los procesados y no todos manifestaren igual conformidad. Cuando el procesado o procesados disintiesen únicamente respecto de la responsabilidad civil, se limitará el juicio a la prueba y discusión de los puntos relativos a dicha responsabilidad.

Con ello se trataba de regular, la praxis de los Tribunales y Audiencias del Orden Penal, en este tipo de conformidades.

En las observaciones del Consejo General de la Abogacía Española al anteproyecto de ley de medidas de eficiencia procesal del servicio público de justicia acerca de estos artículos relativos al proceso ordinario y al procedimiento abreviado, se expresa la necesidad de homogenización, de los preceptos relativos al proceso ordinario y al procedimiento abreviados cuando son varios los acusados y unos se conforman y otros no y ello por la incongruencia que se presentaría. en el proceso ordinario, existiría una única sentencia, mientras que en el procedimiento abreviado daría lugar a 2 sentencias, una de conformidad y otra para los acusados no conformes.

Otra de las notas características de esta Reforma es que, si bien recoge esa comparecencia de conformidad previa a la fase de enjuiciamiento, la instituye como exclusiva de la fase intermedia, no pudiendo el investigado conformase con los hechos en la fase de enjuiciamiento.

El Consejo General de la abogacía, en el informe que elabora sobre el anteproyecto de medidas de eficiencia procesal afirma;

"debe facilitarse la posibilidad de una conformidad una vez celebrada la comparecencia del 785 previsto, es decir, en la vista oral del art. 787 y siguientes En la redacción propuesta del art. 787 se permite la aportación o incorporación de informes, certificaciones y otros documentos, así como la práctica de otras pruebas de que las partes no hubieran tenido conocimiento al momento de celebrar la comparecencia prevista en el artículo 785, por lo que ante nuevas pruebas que, por ejemplo, puedan afectar a la graduación de la pena, debe ser posible valorar la posibilidad de una conformidad.

Estas novedades que introducía este Proyecto de ley, aunque se tenga que empezar de cero, por el adelanto electoral, debieran ser conservadas para reforzar la Institución procesal de la Conformidad penal y quizás el control judicial de la misma se debiera ver reforzado.

11. PROTOCOLO DE ACTUACIÓN PARA JUICIOS DE CONFORMIDAD SUSCRITO ENTRE LA FISCALÍA GENERAL DEL ESTADO Y EL CONSEJO GENERAL DE LA ABOGACÍA ESPAÑOLA

En Madrid, el 1 de abril de dos mil nueve, se suscribió un protocolo de actuación para juicios de conformidad entre la Fiscalía General del Estado y el Consejo general de la abogacía española[9], en el que se exponía que; "El presente Protocolo tiene por finalidad actualizar los medios de solución consensuada del proceso penal que se orientan prioritariamente a fomentar la celeridad y a simplificar los trámites precisos para alcanzar la sentencia dispuestos por la Ley de Enjuiciamiento Criminal especialmente desde la reforma de la Ley Orgánica 15/2003.

La conformidad no es una novedad en nuestro ordenamiento procesal penal: su regulación originaria y esencial se recoge en los arts. 655 y 688 a 700 de la Ley Procesal penal. A esa inicial y más que centenaria normativa se le han ido superponiendo preceptos que han sido introducidos sucesivamente por leyes modificativas de la Ley de Enjuiciamiento Criminal o complementarias de ésta. En consecuencia, la última reforma aludida no ha alterado sustancialmente los trámites de la conformidad ordinaria o común en el procedimiento abreviado ni en el sumario. El principio de consenso sigue existiendo como incidencia que se produce en la fase preparatoria del juicio,

---

9. Protocolo de actuación para juicios de conformidad suscrito entre la Fiscalía General del Estado y el Consejo General de la Abogacía Española. *(fuente: Fiscal.es)*

tras la apertura del juicio oral, en momentos casi coincidentes a los previstos en la regulación original, así: en el trámite de evacuación del escrito de defensa (art. 784.3, párrafo l); mediante la novedad que representa el posible escrito de calificación suscrito por acusación y defensa, fruto de la previa negociación, que se incorpora a la causa en cualquier momento anterior a la celebración de las sesiones del juicio oral (art. 784.3, párrafo 2); y, finalmente, al inicio de las sesiones del juicio oral, antes de la práctica de la prueba (art. 787.1).

La Ley de Enjuiciamiento Criminal mantiene el ámbito de aplicación que la conformidad ordinaria tenía en la regulación precedente. Las reglas del presente Protocolo se observarán igualmente en el procedimiento de sumario ordinario, en cuanto resulten aplicables, ya sea para la conformidad prevista en el art. 655 LECri., ya sea para favorecer el acuerdo de la acusación y la defensa que permita la confesión del reo con renuncia a la continuación del juicio que se regula en el art. 688. La conformidad sigue siendo, en la nueva normativa, un medio para salvar la necesaria celebración del juicio oral y evitar el efecto estigmatizador del mismo, proporcionado al acusado dispuesto a reconocer la culpa una vía de resolución del proceso más satisfactoria desde el punto de vista de su resocialización. Esta conformidad ordinaria no permite un acotamiento relevante del proceso, pues la conformidad se verifica cumplida la fase de instrucción, durante la fase intermedia o preparatoria del juicio, o en el mismo inicio de las sesiones. Probablemente responda a la necesidad de superar el limitado efecto reductor de trámites de la conformidad ordinaria la novedosa opción legislativa contenida en el art. 801 LECri de fomentar la vía de la negociada de solución del proceso ofreciendo una relevante rebaja de su condena al imputado que asumiere su propia responsabilidad de manera inmediata en el servicio de guardia del Juzgado de Instrucción o en el periodo de instrucción de diligencias previas.

2. El número de sentencias de conformidad dictadas ha ido en progresivo aumento con las sucesivas reformas. El legislador

ha ido potenciando la solución consensuada como un modo de terminación del conflicto penal.

3. Una adecuada aplicación del presente Protocolo mejorará sensiblemente nuestra administración de Justicia, siendo beneficiosa para toda la sociedad en general. Por un lado, y en relación a la Administración de Justicia, este Protocolo incidirá en la descongestión de los Juzgados, colaborando a reducir el colapso que muchos de nuestros Juzgados y Tribunales vienen padeciendo, al agilizar la finalización de procesos penales por vía del acuerdo entre las partes; y evitará, en parte, el quebranto de las agendas de los órganos de enjuiciamiento a la hora de hacer los señalamientos, permitiendo una mejor programación al conocer de antemano algunas de las conformidades y poder señalar días específicos para las mismas. Por otro lado, también producirá efectos beneficiosos a todos los ciudadanos que se ven obligados a colaborar con la Administración de Justicia —testigos en general, funcionarios de las Fuerzas y Cuerpos de seguridad del Estado y peritos—, pues previendo con antelación suficiente la conformidad de las partes en el proceso, se evitan citaciones, esperas y molestias innecesarias.

Sin duda ello también revertirá de forma positiva en relación con las víctimas, que de forma más ágil y segura podrán ser reparadas del daño causado, así como en relación con los acusados, que verán finalizado el proceso de forma más ágil y consensuada.

4. El presente Protocolo pretende un sistema de conformidades sustentado por las ideas de simplicidad y agilidad. Por un lado, se establece que las distintas Fiscalías y Colegios de Abogados —o agrupaciones de estos—, cuenten con Fiscales y Letrados cuya misión fundamental será el seguimiento, aplicación y correcto desarrollo del presente protocolo, solventando las distintas incidencias que puedan producirse. La Fiscalía mantendrá un servicio de incidencias diario para atender las conversaciones o pactos sobre conformidad, con independencia de quién sea el Fiscal asignado al asunto. El Fiscal de incidencias actuará para la conformidad como si fuera el designado conforme a las normas de reparto a los efectos de poder

atender los acuerdos y, en su caso, presentar un escrito conjunto al órgano competente según la fase procesal. En estos casos también se facilitará la cita entre los Fiscales y los Letrados. Para los supuestos en que efectivamente se llegue a una conformidad, la propia Fiscalía se encargará de poner en conocimiento del Juzgado o Tribunal que conozca de la causa el acuerdo, a los efectos de que se agilice el máximo posible la Vista Oral de Conformidad, así como para que se puedan unificar en los mismos días distintas vistas de conformidades."

Consecuencia de este protocolo, la Fiscalía general en fecha 22 de junio de 2009, dictó una Instrucción, sobre aplicación del protocolo de conformidad en la que, en la introducción, exponía la situación de Juzgados y Tribunales, y las ventajas y beneficios para el justiciable y la Administración de Justicia en general, al instaurarse esta modalidad consensuada, así se exponía;

"La progresiva consolidación de las reformas organizativas y funcionales que cristalizaron en la Ley 24/2007 de 9 de octubre de reforma del Estatuto Orgánico del Ministerio Fiscal, presididas por los principios de reforzamiento de la autonomía, unidad de actuación especializada y reordenación territorial, permite ahora avanzar un paso más en el decidido impulso modernizador, que, a partir de esos cambios instrumentales, busca mejorar de manera efectiva y tangible el servicio que cotidianamente prestan los Fiscales a los ciudadanos, a espera de un nuevo modelo procesal penal verdaderamente acorde a las exigencias de la Constitución e internacionalmente homologable."

"En esa línea, la finalidad de las Instrucciones 1/2008 y 2/2008 de la Fiscalía General del Estado fue identificar y subrayar en la ley vigente las claves de una intervención más dinámica y eficaz del Fiscal en la fase de investigación de los delitos, en su doble faceta de dirección de la Policía Judicial y colaboración activa con la instrucción judicial. Pues bien, esa misma lógica de raíz acusatoria aconseja también favorecer aquellas salidas anticipadas del proceso que, sin menoscabo de ningún derecho, y dentro del estricto marco de legalidad que la Constitución impone, faciliten una resolución más rápida, menos traumática y, en suma, menos costosa en todos los sentidos del conflicto penal."

"Entre otros instrumentos idóneos para ese fin, la Ley de Enjuiciamiento Criminal vigente ofrece, ya desde su redacción inicial, y de manera mucho más extendida a partir de las reformas introducidas en el ámbito del procedimiento abreviado y los denominados juicios rápidos, la posibilidad de conformidad del acusado, que, en sus diversas modalidades, permite en definitiva evitar la celebración del juicio oral y aun la propia instrucción, generalmente con la contrapartida de una modificación a la baja de la pretensión punitiva. Las cifras de conformidades alcanzadas, crecientes año tras año, constituyen uno de los pulmones de oxígeno que explican y permiten la supervivencia de nuestra maquinaria procesal decimonónica."

"Sin embargo, como también es sabido, algunas inercias instaladas en la práctica forense han impedido hasta ahora un aprovechamiento plenamente satisfactorio de esa útil herramienta procesal. El hecho de que en la gran mayoría de los casos se produzca, por expresarlo gráfica y literalmente, a pie de estrados, vacía a la conformidad de buena parte de su potencial eficacia, y además desvirtúa en alguna medida su esencia acusatoria."

"Así, desde el punto de vista de la eficiencia concretada en una Justicia más ágil, la conformidad cobra verdadero sentido en la medida en que no sólo sirva para evitar el innecesario enjuiciamiento del acusado que se confiesa culpable, sino el coste, en términos de trabajo y de tiempo para los diferentes sujetos implicados en el proceso, que puede suponer el cumplimentar todas las actuaciones conducentes a la celebración del juicio. Asignado un tiempo en la agenda del órgano judicial y del Fiscal, citados los testigos y peritos, presentes éstos —igual que el propio Fiscal y los Abogados— en la sede judicial, la conformidad en estrados viene a poner en evidencia la absoluta inutilidad de todo ese esfuerzo, desplegado obviamente en detrimento de otras dedicaciones igual o más prioritarias. Al tiempo que se dilapida el esfuerzo de otros funcionarios públicos (miembros de las Fuerzas y Cuerpos de Seguridad del Estado, forenses, peritos y técnicos), que malgastan en vanos desplazamientos y esperas su jornada laboral, y perjudica muy especialmente a los testigos, víctimas y perjudicados convocados a la vista que, forzados a alterar su normal actividad cotidiana, acaban experimentando — con explícitas manifestaciones de protesta, en muchos casos— una justificada frustración al conocer que, habiéndose conformado el acusado en el último minuto, su esfuerzo también ha sido baldío."

"Asimismo, en el plano de las garantías, la materialización de la conformidad en la inmediatez del juicio también constituye una potencial fuente de problemas. No ya únicamente por la dificultad de asegurar la unidad de actuación del Ministerio Fiscal (entroncada en la seguridad jurídica y la igualdad ante la ley), que en el momento previo de la formulación del escrito de acusación o calificación provisional se instrumenta a través del visado. Sino también por el riesgo cierto de que la imposibilidad de acceder in situ y sobre la marcha a determinados datos pueda inducir a error a la acusación y al propio acusado sobre las consecuencias reales de la conformidad así pactada. No es infrecuente, por ejemplo, que la dificultad para comprobar los antecedentes o determinadas circunstancias personales o patrimoniales del reo genere una errónea expectativa sobre la posibilidad de suspensión condicional de la condena, que, al revelarse inviable, ya en fase de ejecución, viene a alterar de modo radical e irremediable el sentido de su decisión de aceptar la pena."

"A todo lo cual se añade, además, la propia mecánica y la, por así decirlo, *escenografía* del acuerdo de conformidad, en la sala de vistas y casi siempre a presencia del Juez o Tribunal que, con su sola posición expectante, cuando no con su espontánea —por más que bienintencionada— intervención en las pertinentes conversaciones, contamina de manera inevitable su estatus de imparcialidad, o, mejor dicho, de apariencia de imparcialidad, aun cuando sólo sea por el hecho habitual de que en dichas conversaciones, con frecuencia desprovistas de cautelas formales, se ponga abiertamente de manifiesto la mayor o menor fortaleza de las posiciones de la acusación y la defensa."

"La imagen que sobre el propio acusado, y más aún sobre los perjudicados y víctimas, puede asimismo proyectar el hecho de que sus intereses se ventilen entre juicio y juicio, en unos minutos, de modo aparentemente —o realmente— improvisado, a puerta cerrada, sin su intervención y con la consiguiente sensación de desconocimiento de lo que en el interior de la Sala están negociando los profesionales del derecho, viene a resultar, en fin, muy negativa desde el punto de vista de la credibilidad y de la dignidad de la función tanto de Jueces y Fiscales como de los propios Abogados defensores."

"En atención a todas estas cuestiones, y a iniciativa del Consejo General de la Abogacía Española (CGAE), la Fiscalía General del Estado ha suscrito con dicho órgano de representación de los Colegios de Abogados un Protocolo de actuación para juicios de conformidad (en lo sucesivo el Protocolo), que se adjunta a la presente Instrucción y que, de manera sucinta, buscando sobre todo la simplicidad y la agilidad en la ejecución de sus términos, trata de ordenar, aprovechar mejor y desenvolver en condiciones a la vez más eficaces y más garantistas, las distintas posibilidades que la legislación procesal vigente ofrece en este ámbito."

"Conviene en este sentido adelantar que el objeto de la presente Instrucción es básicamente organizativo. Se trata de aportar los instrumentos necesarios para la eficaz aplicación del Protocolo, aprovechando no obstante para agregar algunas cautelas en el plano de las garantías, y aportando, en fin, algunos criterios interpretativos con el exclusivo fin de facilitar la interpretación y aplicación del texto suscrito, que en cualquier caso no puede suponer —como es obvio— alteración alguna del actual marco legal del instituto de la conformidad. A estos efectos cabe simplemente recordar y reiterar el contenido, en parte dedicado a esta cuestión, de la Instrucción 1/1989 de 27 de febrero, así como de la Circular 1/2003 y la Instrucción 1/2003, ambas de 7 de abril, insistiendo con especial énfasis en cuanto ésta última dice sobre la vigencia y alcance de los principios de legalidad y de búsqueda de la verdad material en nuestro modelo de proceso penal." Por lo que se refiere a la Fiscalía Provincial de Madrid, la organización y colaboración con el Colegio de Abogados de Madrid es excelente, a través del sistema informático, se realiza la citación de letrados, quienes deberán hacer sus peticiones con al menos 10 días de antelación.

El ámbito de aplicación de estas conformidades alcanza a los delitos ante el Tribunal de Jurado, procesos ordinarios y procedimientos abreviados, quedando excluidos a aquellos conformidades premiadas o juicios rápidos con la posibilidad de rebaja de un tercio de la pena.

Queda excluida de esta conformidad los juicios rápidos, siendo momento oportuno el recordar que la calidad de tal proceso puede tener un dilatado tiempo de apreciación como tal, y no perder la condición de este.

Hechas pues estas consideraciones deberemos distinguir:

A. Fase inicial de instrucción

Destacamos que en la fase inicial de instrucción de un procedimiento es difícil poder llegar a una conformidad, porque la prueba puede ser endeble o porque los indicios no son contundes o no hay material probatorio, el factor que nos indica que podemos llegar a ello es cuando se ejercita acción penal por el Fiscal o alguna de las partes acusadoras, es en ese momento procesal cuando se debe llegar a conformidad, en tanto en cuanto las circunstancias modificativas de la responsabilidad criminal, deberán tener reflejo en la narración fáctica, dichas circunstancias de carácter objetivo o personal pueden tener influencia en los hechos pero estos a mi juicio son inmodificables, se pueden añadir circunstancias pero no modificar el hecho, un robo no dejará de ser robo porque concurra una atenuante de drogadicción, ni perderá su naturaleza.

Estas circunstancias, su apreciación supondrá una rebaja de la pena, e incluso puede reseñarse algún beneficio de la ejecución en dicho escrito, no suponiendo ello que condicionemos la conformidad a la obtención de dicho beneficio, aunque bien es verdad que, en la práctica totalidad de estas, la parte con la conformidad aspire a obtenerlo y de hecho la LECri. reseña que alcanzada la conformidad el Juez o Tribunal preguntará a las partes sobre la suspensión y obtención de beneficios.

Como veremos en la fase de enjuiciamiento estas cuestiones no nos vamos a centrar mucho en este apartado.

El escrito de conformidad deberá contener hechos y deberá ser redactado como un escrito de acusación sin proposición de prueba, deberá ser firmado por las partes y a ser posible por el investigado, Dicho escrito deberá presentase al juzgado y ser este quien lo remita al órgano de enjuiciamiento para su conocimiento y para dictar sentencia.

B. Fase de enjuiciamiento y dentro de esta fase:

a) Juzgado de lo Penal

En el Juzgado de lo penal a través del sistema informático del ICAM el abogado defensor o el Fiscal citará a las partes a una comparecencia en Fiscalía, en esta fase ya se cuenta con el escrito de Acusación, se conocen la imputación y sus circunstancias, lo que se tratara en su caso es de acomodar los hechos a la realidad social del tiempo en el que han de ser enjuiciados, como dice el texto bíblico a un odre nuevo vino nuevo no vino viejo, con ello queremos decir, que los hechos que imputamos en ese escrito pueden ser antiguos y las circunstancias modificativas que concurrían en el mismo han variado con lo cual esos hechos cometidos en una fecha tendremos que trasladarlos a la realidad social del tiempo en el que han de ser juzgados y eso solo lo podemos hacer por el juego de apreciación de circunstancias modificativas de la responsabilidad criminal, que son las que nos permiten realizar esa adecuación.

En esta fase vuelve a cobrar notable importancia las circunstancias modificativas de la responsabilidad criminal, tanto las circunstancias personales como las reales, la toxicomanía, trastornos mentales, trastornos psíquicos y físicos de especial relevancia jurídica pueden aparecer en el transcurso del tiempo, y este mismo tiempo daría lugar a circunstancias como las dilaciones indebidas, en otras ocasiones lo que se estaba en disposición de no pagar puede ahora hacerse y la reparación del daño aparecer, con ello queremos resaltar que estas circunstancias en la fase de enjuiciamiento son de importancia extrema.

Otro de los factores a examinar en esta fase es la obtención de beneficios, como la suspensión, si bien la conformidad no puede ser condicionada, o sometida a condición, si puede acontecer que la parte interese un beneficio concreto como la suspensión, y recabe en el escrito de conformidad el parecer favorable del fiscal. A fecha de hoy en los Juzgados penales de Madrid los jueces siguiendo el acuerdo de la Audiencia provincial 26 de septiembre de 2016, en las sentencias de conformidad dan trámite de audiencia para suspensión ya sea en el mismo momento de concretar la conformidad, ya sea en momento posterior. Siendo en algunos casos de imposible ejecución el beneficio por el juzgado de lo penal, debiéndose derivarse al juzgado de ejecutorias para su ejecución. Tales supuestos han acontecido cuando hay que realizar un ingreso en centro adecuado a tal fin.

En esta fase deberá redactarse un escrito nuevo de conformidad donde se recojan los hechos y circunstancias concomitantes en los mismos, y deberá ser firmado por las partes intervinientes.

b) Audiencia Provincial

En la A.P. se sigue el mismo cauce que para el Juzgado de lo penal, si bien existía la peculiaridad de requerir algunas secciones la firma del investigado en el escrito de conformidad, aunque hoy en día la práctica totalidad de las Secciones de la Audiencia no requieren.

En puridad legal quedaban excluidas de estas conformidades los Sumarios ordinarios y los delitos sometidos al Tribunal de Jurado.

Si bien, eran admitidas por el foro judicial en ambos procesos, realizando cierta prueba. Así en los Escritos conjuntos en los que en abstracto corresponde pena superior a 6 años, se hace constar en los escritos se cite a dos testigos y perito, (delitos contra la salud Pública), se reproduzca la prueba preconstituida, (delitos contra menores), se cita a la víctima, etc. Para ser practicada en el acto de Juicio Oral. En aquellas conformidades en las que hay múltiples acusados, debe dejarse constancia en carpetilla del acuerdo alcanzado con algunos, y de lo que se ha ofrecido al resto.

C. Características de la comparecencia en Fiscalía

1°) las conversaciones están amparadas por el secreto profesional. De hacerse públicas se ocasionaría una grave indefensión al investigado, y se produciría un juicio paralelo, con vulneración grave del derecho fundamental a la presunción de inocencia. Sin poder obviar que esa publicidad de los acuerdos amparados por el secreto profesional, podría ser constitutiva de vulneración de un derecho fundamental como la presunción de inocencia y podría ser constitutiva de delito para la persona o funcionario que lo vulnerase. También se ocasionaría una contaminación viciosa del proceso. Es por ello por lo que las conversaciones previas estén amparadas por el secreto profesional.

2°) la proposición realizada por el Fiscal se mantiene hasta el mismo momento de juicio, de tal manera que por el principio de unidad de actuación se mantendrá en juicio, aunque sea un Fiscal distinto quien la plasme.

3°) debe ser total, todas las partes deberán intervenir y tener conocimiento de las conversaciones, de tal manera que no podrá realizarse al margen de acusaciones particulares o responsable civiles subsidiarios o víctimas.

4°) los hechos son inmodificables, así como la tipificación de estos,

5°) Se trata de acomodar esos hechos a la realidad social del tiempo en el que han de ser juzgados.

D. El investigado

Tiene que aceptar la conformidad en su totalidad no hay conformidades parciales o condicionales, no obstante, puede retractarse de la misma en cualquier momento procesal antes de dictar sentencia. En este apartado debemos recordar los comentarios realizados sobre el investigado y los investigados con criterio general.

E. La víctima

El Derecho penal, en su evolución, ha ido acometiendo fases procedimentales en las que se ha tenido muy poco en cuenta a la víctima del delito, y sobre todo la reparación del daño acecido con el mismo.

Si bien enseñaban los clásicos que el delito ocasionaba dos órdenes de daños uno de carácter social que se satisfacía mediante la imposición de una pena y otro de carácter particular que se satisface mediante la responsabilidad civil, puristas del sistema vienen manteniendo que la responsabilidad civil materialmente dejaba incompleta la reparación y que la Sociedad debiera delegar y tener en cuenta el parecer de la víctima a los efectos de otorgar al delincuente determinados beneficios que pudieran alterar el desarrollo personal y social de la víctima del delito, o lo que es lo mismo, que la víctima pudiera volver a un entorno social y personal anterior al hecho delictivo, o que superase el daño ocasionado. La instrucción 2/2009 de 22 de junio sobre las conformidades según protocolo establece la tutela de los derechos e intereses de las víctimas y perjudicados por el delito, en las conformidades que se realicen al amparo de este protocolo,

"Otra de las tareas esenciales que el Fiscal debe asumir en el marco de la resolución consensuada del procedimiento es la protección de la víctima y del resto de los perjudicados por el delito. Esa misión específica del Ministerio Público ha de ser particularmente cuidada a la hora de cerrar el acuerdo de conformidad. La víctima se ha encontrado históricamente ausente y desinformada —cuando no perpleja— acerca del resultado pactado del proceso, sobre todo cuando no está personada en él.

Por ello, de cara a la negociación de la conformidad el Fiscal procurará oír previamente a la víctima o perjudicado, aunque no estén personados en la causa, siempre que sea posible y lo juzgue necesario para ponderar correctamente los efectos y el alcance de tal conformidad, y en todo caso cuando por la gravedad o trascendencia del hecho o por la intensidad o la cuantía sean especialmente significativos los intereses en juego, así como en todos los supuestos en que víctimas o perjudicados se encuentren en situación de especial vulnerabilidad. Igualmente deberá asegurarse en lo posible que éstos sean informados de la existencia y los términos de la conformidad, una vez pactada, y de sus consecuencias procesales."

Así, el CP vigente recoge que se deberá oír a la víctima como paso previo al otorgamiento de determinados beneficios, y qué duda cabe que en la conformidad penal deberá tener conocimiento de los términos de esta, si bien facilita esta tarea cuando está personada con representación capaz siendo dificultosa la tarea cuando no tiene personación. Pero en cualquiera de los casos debe comunicársele el acuerdo alcanzado.

El Anteproyecto, presta a la víctima una especial regulación, pues debe satisfacerse el daño ocasionado para alcanzarse la sentencia de conformidad, y deberá ser escuchada antes de dictar esta. La víctima, es considerada como la persona ofendida o directamente perjudicada por la infracción. Se actualizan los contenidos del actual Estatuto de la Víctima y se establecen normas específicas sobre las víctimas menores o en situación de vulnerabilidad, con especial mención a la prohibición de victimización secundaria. Se recogen expresamente sus derechos, entre otros, a recibir información inmediata, a ser informadas de la tramitación del proceso, a ser oídas, a entender y a ser entendidas, a la traducción e interpretación, a la protección de la intimidad, a actuar como acusación o a obtener una reparación civil. Para ejercer la acusación particular, bastará acreditar la condición subjetiva de persona ofendida o directamente perjudicada, mediante la presentación de un escrito simple en el que se manifieste la voluntad de personación mediante la designación de letrado y, en su caso, de procurador.

F. El principio de oportunidad reglado

La conformidad requiere adaptar los hechos a la realidad social en las que vayan a ser enjuiciados, de tal manera que se puede haber realizado los hechos sometidos o bajo unas circunstancias específicas y ser otras distintas las que van a ser enjuiciadas, de tal manera que los hechos son inmodificables y a estos hechos habrá que añadir las circunstancias de adaptación a la realidad social de enjuiciamiento, en este marco material surge el principio de oportunidad reglado.

El acuerdo alcanzado tiene el sometimiento a la legalidad, pero bajo un tamiz de oportunidad, el sistema jurídico español es un sistema de garantías y sometimiento a la ley, con ello queremos dejar constancia que la conformidad alcanzada no es ex lege sino pro lege, sometida a la ley y realizando en cuanto a la relación circunstancial una interpretación lógico-sistemática de los hechos.

Los hechos son los que son, la tipificación de los hechos es la que es, pero las circunstancias pueden ser añadidas o modificativas de los hechos, es el factor circunstancial al que hacía referencia Ortega y Gasset el que cobra relevancia en los hechos, y este factor circunstancial es el que modifica la responsabilidad criminal al atemperarla.

El acuerdo es un silogismo lógico sistemático y circunstancial de esos hechos inmodificables y de su tipificación sometida a la legalidad.

Ese factor circunstancial es el principio de oportunidad que debe estar sometido a la legalidad. La instrucción 2/2009 de 22 de junio, establece una serie de garantías que deben presidir al formalizar estas conformidades, como son:

Legalidad y unidad de actuación
Como es sabido, el ordenamiento jurídico español no permite —a diferencia de otros modelos procesales, y con la excepción del proceso de reforma de menores— ejercicios de oportunidad aparejados a la terminación pactada del proceso. Sólo es legalmente admisible la aproximación de las posturas de la

acusación y la defensa en el terreno de la calificación jurídica del hecho y de las consecuencias punitivas dentro de un estricto marco de legalidad. ... el Fiscal "deberá promover esas soluciones facilitadoras de la sentencia, no ciertamente apartándose de la legalidad, pero sí utilizando todos los márgenes de arbitrio legal para llegar a situaciones de consenso con el acusado y su defensa (...)".

Con relación a la intervención del juez o Tribunal la Instrucción, constata:

> "En orden a la fructífera gestión de las herramientas que el Protocolo ofrece a Fiscales y Abogados, resulta de la máxima importancia definir la relación con el otro protagonista esencial de la conformidad, que es evidentemente el Juez o Tribunal que ha de aprobarla. En este aspecto hay que aclarar que, si bien el Consejo General del Poder Judicial no ha suscrito el Protocolo, puesto que como Órgano de Gobierno de los Jueces carece de facultades para vincular a éstos en cuanto pueda comprometer el ejercicio de su función jurisdiccional, sin embargo sí estuvo representado en el acto de la firma y ha recibido comunicación formal del texto, asumiendo el compromiso de difundirlo, para su conocimiento, entre los Jueces, Tribunales y órganos de gobierno del Poder Judicial, a fin de facilitar en lo posible su aplicación."

"Por ello, otra de las tareas que los Fiscales Jefes y, en su caso, los Fiscales encargados por ellos de coordinar la aplicación del Protocolo, han de asumir en relación con éste, es la de recabar, promover y facilitar dicha colaboración de los referidos órganos jurisdiccionales y de gobierno judicial en su correspondiente nivel territorial, tratando, en particular, de que la anticipación de las conformidades a un momento anterior al juicio oral se traduzca en dos efectos benéficos:

a) En primer lugar, que el juicio oral previamente conformado se señale prescindiendo en principio de la citación de los testigos y peritos, y de todas aquellas otras actuaciones cuyo objeto sea preparar la práctica de la prueba.

Éste es, como ya se ha dicho, uno de los objetivos fundamentales del Protocolo y de la presente Instrucción: descargar al órgano judicial de una laboriosa y a veces complicada tarea, y sobre todo evitar a los ciudadanos afectados por el delito y a los profesionales colaboradores con la Administración de Justicia el inútil desplazamiento y la frustrante pérdida de tiempo que hoy por hoy suponen las conformidades al inicio del juicio.

Hay que recordar, en este punto, que como ya se advertía en la Circular 1/2003, la Ley 38/2002 de 24 de octubre, reguladora de los juicios rápidos, suprimió —en el único ámbito en que hasta entonces era posible, el procedimiento abreviado competencia del Juzgado de lo Penal— la posibilidad de conformidad en la fase instructora seguida de remisión inmediata al órgano de enjuiciamiento para que, con la sola citación del Fiscal y las partes, pudiera dictarse sentencia en el acto (art. 789.5.5ª LECri derogado). La legislación vigente exige, por tanto, el señalamiento formal de la vista oral en todo caso, en los términos y por los trámites que con carácter general —y para cada tipo de procedimiento— la propia Ley establece.

Sin embargo, nada impide que, habiéndose producido el acuerdo de conformidad en la fase instructora o en la fase intermedia, en el escrito conjunto o en el que el Fiscal dirija, como enseguida se dirá, al órgano de enjuiciamiento haciendo constar la existencia del acuerdo, se solicite del Juzgado o Tribunal el señalamiento de la vista oral con cita únicamente del Fiscal y las partes, a los solos efectos de formalizar la conformidad (o la confesión, en el procedimiento ordinario) del acusado, y por tanto sin citación de testigos o peritos ni práctica de ninguna otra actuación encaminada a preparar la práctica de la prueba. La eventual e inesperada retractación del acusado a presencia judicial podrá solventarse sin dificultad mediante la suspensión del juicio y el señalamiento de la continuación previa la oportuna citación de quienes hayan de intervenir en ella, o incluso la práctica de una instrucción suplementaria cuando el acuerdo de conformidad hubiera precipitado el cierre de la fase instructora sin la plena conclusión de la investigación de los hechos (art. 746.6 LECri), invocando si procede las normas sancionadoras del abuso de derecho y la mala fe procesal (v.g. art. 11.2 L.O.P.J.).

Otro de los aspectos relevantes a la hora de asegurar la eficacia de ese objetivo de anticipación de la conformidad es el de la cuidadosa administración de los tiempos. El plazo de diez días previos al comienzo del juicio oral que el Protocolo fija para cerrar el acuerdo de conformidad y comunicarlo al órgano judicial puede resultar, en la mayor parte de los territorios, manifiestamente insuficiente, siendo lo habitual que el señalamiento se produzca con mayor antelación, y que a esas alturas la oficina judicial ya haya puesto en marcha las actuaciones orientadas a la celebración del juicio. En este punto ha de prevenirse que la aplicación de la regla no conduzca exactamente al efecto contrario del que pretende: si la conformidad llega en ese momento no sólo no restará trabajo al órgano judicial, sino que lo multiplicará, pues obligará a dejar sin efecto dichas actuaciones, con el fin de lograr el otro propósito perseguido, que es evitar inútiles molestias y desplazamientos a los citados.

Hay que subrayar, por tanto, que el mencionado plazo de diez días se configura como mero límite de referencia, y en consecuencia su utilidad se supedita a las necesidades y los objetivos del Protocolo y de la presente Instrucción. Por ello los Sres. Fiscales extremarán su esfuerzo para lograr que, siempre que no sea imposible, la conformidad se ponga en conocimiento del Juzgado antes de que se haya señalado el juicio o, como mínimo, antes de que, conforme a los plazos habituales con que esa tarea se venga realizando en cada localidad o por el Órgano Judicial de que se trate, se hayan iniciado los trámites conducentes a su efectiva celebración.

b) El segundo efecto beneficioso que ha de buscarse en la colaboración del Órgano Judicial consiste en que los señalamientos de juicios conformados se anticipen en lo posible, acumulándose periódicamente en una misma fecha. Esa concentración de un número elevado de vistas breves —sin práctica de prueba— permitirá descargar o incluso eliminar de la agenda judicial otras jornadas de señalamiento, generando una notable liberación de recursos tanto en el Órgano de enjuiciamiento como en la Fiscalía. Para ello es importante que el Fiscal —que es a quien el Protocolo suscrito atribuye en su art. 7.3 esa función—, una vez alcanzada la conformidad lo haga saber inmediatamente al Juzgado o Tribunal, instando la inmediata conclusión de la instrucción (si la conformidad se ha alcanzado en esa fase) o el inmediato señalamiento del juicio oral, en cuanto sea legalmente posible. Esta solicitud podrá canalizarse mediante otrosí en el propio escrito de acusación, que siempre que sea posible deberá formularse juntamente con la defensa (art. 784.3 párrafo segundo LECri.), o, en otro caso, mediante escrito específicamente dirigido a tal fin al Órgano Judicial, en el que se anunciará a éste la existencia de un acuerdo de conformidad que posteriormente será ratificado por la defensa en su escrito de conclusiones y/o al comienzo del juicio.

Precisamente en relación con este último supuesto del pacto de conformidad negociado y cerrado en la sala de vistas justo antes del inicio del juicio oral (que, si el Protocolo cumple sus objetivos, debería quedar como un fenómeno residual) los Fiscales, y principalmente los Fiscales Jefes, deben también realizar un especial esfuerzo por activar y obtener la colaboración de los Jueces y Magistrados titulares de los Órganos de enjuiciamiento, con la finalidad de preservar —como el propio protocolo afirma— la confidencialidad de la negociación.

Evitar la presencia del Tribunal en ella, e incluso procurar que no se produzca en el espacio físico de la sala de

vistas (aunque para ello sea necesario interrumpir breve-
mente el curso de las sesiones), serán objetivos más fáci-
les de conseguir, contando con la indudable buena disposición de Jueces y Magistrados, en la medida en que,
precisamente, la correcta aplicación del Protocolo y el
debido cumplimento de la presente Instrucción logren
reducir a la categoría de excepcional esta manera hoy
habitual, por no decir casi única, de finalización consensuada del proceso.

Conformidades residuales que han sido muy criticadas por
la doctrina y que el protocolo tiende a eliminarlas.

12. LA CONFORMIDAD EN EL ANTEPROYECTO DE LECRI DE 2020

El Anteproyecto de la LECri de 2020, recoge en el apartado
XXVI, de la Exposición de Motivos, bajo el enunciado de:

"PRINCIPIO DE OPORTUNIDAD Y CONFORMIDAD".
"La oportunidad tiene también una clara manifestación en la
regulación de la conformidad. En ciertos supuestos la concreta
necesidad de pena, sin verse totalmente descartada, sí que impone la atenuación de la respuesta punitiva para el caso concreto. De ahí que se establezca también un margen de reducción de pena que el Ministerio Fiscal puede utilizar en el marco
de una solución consensuada. En este mismo ámbito, se ha op-
tado por acabar con el sistema actual de limitación del juego de
la conformidad en función del criterio de la gravedad de la pena. Esta limitación no ha tenido un reflejo real en la práctica y
ha llevado a que proliferen las conformidades encubiertas
cuando el asunto tratado rebasa el límite máximo de los cinco
años de prisión. Este recurso solapado a la conformidad en las
hipótesis de penas graves no viene acompañado, por tanto, de
cautelas legales que aseguren su correcto ejercicio. Legislando,
pues, desde el realismo, el nuevo modelo opta por admitir una

salida consensuada en los casos de penas superiores a este tope máximo, sujetando este supuesto cualificado a un control judicial más estricto que obligue a comprobar la efectiva existencia de indicios racionales de criminalidad adicionales a la mera confesión. En estos casos, además, el letrado ha de proporcionar por escrito a su cliente la información relativa al acuerdo alcanzado."

"Por otra parte, este control judicial no corresponde en el nuevo modelo al órgano de enjuiciamiento. De ahí que se haya arbitrado un procedimiento en el que la solución consensuada es negociada por el fiscal y las defensas y es formalizada después en un documento que el investigado o acusado habrá de ratificar ante un juez que no es el que está llamado a enjuiciar el asunto."

El protagonismo decisivo del Ministerio Fiscal, la atribución de la competencia para su control y homologación al Juez de la Conformidad, la exclusión de su práctica en el acto del juicio oral, así como la supresión de las funciones ejecutivas a la sentencia firme son algunas de las novedades que contempla el Anteproyecto al regular la conformidad penal como una de las formas de finalizar el proceso. Atribuyéndola una naturaleza al margen del desarrollo del proceso, como una forma de finalización de este, y presidiendo su desenvolvimiento un principio de oportunidad, de notable influencia del sistema norteamericano, que permite de manera electiva bajar en grado la pena, en definitiva premiar ese reconocimiento y consensuar intereses tanto del investigado como de satisfacción de la Tutela Judicial efectiva, dando una prevalencia al Fiscal y al principio de oportunidad que entendemos deberá ser reglado, para no caer en la discrecionalidad arbitraria en muchos casos como acontece en el sistema norteamericano.

El anteproyecto, además de menciones puntuales en su articulado, dedica el título IV de su Libro I a la regulación de la conformidad en los arts. 164 a 173 del anteproyecto.

"**Artículo 164.** *Conclusión del proceso penal por conformidad.*

1. El proceso penal podrá concluir si la persona encausada y su defensa aceptan expresamente los hechos punibles, la calificación jurídica y las penas solicitadas o acordadas con las acusaciones.

2. La conformidad de todas las partes sobre estos extremos podrá dar lugar a una sentencia condenatoria con los requisitos y a través del procedimiento previsto en este capítulo.

Artículo 165. *Conformidad de la persona encausada.*

1. La conformidad se funda en el consentimiento libremente prestado por la persona encausada con pleno conocimiento de sus consecuencias.

2. No será posible la conformidad cuando, por razón de enfermedad, coacción, amenaza o por cualquier otra circunstancia semejante, la persona encausada no se halle en condiciones de prestar un consentimiento válido.

Artículo 166. *Información por el abogado defensor.*

1. El defensor de la persona encausada informará detalladamente a su cliente de todos los acuerdos que ofrezca o que le sean ofrecidos por las acusaciones, de las razones por las que, en su caso, aconseja su aceptación y de las consecuencias que de ella puedan derivarse.

2. Cuando la pena acordada con las acusaciones sea superior a cinco años de prisión, el letrado facilitará por escrito a su cliente la información sobre el acuerdo alcanzado.

Artículo 167. *Pluralidad de personas encausadas.*

1. Solo será posible la conformidad cuando se refiera a todas las personas encausadas por un mismo hecho punible o por hechos conexos que no puedan ser juzgados separadamente sin detrimento del derecho de defensa.

2. Podrá, no obstante, dictarse sentencia de conformidad para quienes presten su consentimiento cuando solo queden fuera del acuerdo las personas jurídicas encausadas.

En este último caso, la valoración de las declaraciones testificales que se realicen en el juicio oral por las personas físicas que hayan sido condenadas mediante sentencia de conformidad se realizará conforme a la regla establecida para la declaración de los coacusados en el artículo 693.3 a) de esta ley.

Artículo 168. *Conformidad sobre la responsabilidad civil.*
1. Cuando la conformidad se extienda a los pronunciamientos sobre la responsabilidad civil, el juez procederá a incluirlos en la sentencia.
2. No existiendo acuerdo sobre las cuestiones civiles, se entenderá reservada la acción de esta naturaleza, que podrá hacerse valer ante la jurisdicción correspondiente.

SECCIÓN 2.ª PROCEDIMIENTO

Artículo 169. *Competencia.*
1. Es competente para conocer de las conformidades la sección de enjuiciamiento del Tribunal de Instancia de la circunscripción en que el delito se haya cometido. Para el ejercicio de esta función, se constituirá siempre con un solo magistrado, que se denominará Juez de la Conformidad.

Esta norma se entiende sin perjuicio de la competencia para la conformidad que corresponde al juez de guardia en el marco de las modalidades de enjuiciamiento urgente reguladas en esta ley.
2. La competencia del Juez de la Conformidad no se extiende a la ejecución de la sentencia dictada, que corresponderá al órgano competente para el enjuiciamiento del hecho de acuerdo con las reglas generales determinadas en esta ley.

Artículo 170. *Solicitud*1. El Ministerio Fiscal y las demás partes podrán presentar ante el letrado de la Administración de Justicia un escrito conjunto, solicitando que se dicte sentencia de conformidad de acuerdo con su contenido.
2. El escrito estará firmado por el fiscal, por los letrados de las acusaciones, por la persona encausada y por su defensor y, en su caso, por los actores civiles y terceros responsables civiles.

3. El escrito tendrá el contenido previsto en el apartado 1 del artículo 605 de esta ley, extendiéndose a lo señalado en el apartado 2 del mismo precepto cuando el acuerdo alcance a los pronunciamientos civiles.

4. Cuando las partes estén conformes con la aplicación del beneficio de suspensión de la ejecución de la pena privativa de libertad, lo señalarán expresamente en el escrito.

5. En los supuestos de conformidad, el fiscal podrá solicitar la imposición de la pena inferior en grado a la prevista legalmente.

Artículo 171. *Plazo preclusivo.*

1. No cabrá la conformidad transcurridos veinte días desde la notificación a la defensa del auto de apertura del juicio oral.

2. Transcurrido este plazo, el tribunal resolverá de acuerdo con la prueba practicada en el acto del juicio sin que la confesión de la persona acusada o la adhesión de la defensa a la pretensión de la acusación pueda producir los efectos de la conformidad ni aplicar el beneficio del artículo 170.5 de esta ley.

Artículo 172. *Homologación y ratificación.*

1. Registrado el escrito, el letrado de la Administración de Justicia lo turnará al Juez de la Conformidad que corresponda, que comprobará la legalidad de los términos de la solicitud y velará por la debida reparación de la víctima.

2. Si la calificación jurídica o la pena solicitada no se ajustan a la legalidad o no se encuentran suficientemente salvaguardada la reparación de la víctima, el Juez de la Conformidad rechazará sin más trámites la solicitud formulada.

En este supuesto, el escrito suscrito por la persona encausada no supondrá el reconocimiento de los hechos consignados en el mismo, ni podrá incluirse en el expediente para el juicio oral.

3. Cuando el juez entienda que no existe obstáculo para la aprobación de la conformidad, convocará a la persona encausada, acompañada de su defensor, a una comparecencia para que ratifique personalmente los términos del acuerdo.

En esta comparecencia el juez verificará que la persona encausada se encuentra suficientemente informada sobre las consecuencias de la conformidad y que presta consentimiento libremente y sin coacción.

Si la pena aceptada es superior a cinco años de prisión, el juez oirá a todas las partes acerca de la existencia de indicios racionales de criminalidad adicionales al reconocimiento de los hechos.

4. Cuando el juez entienda que existe obstáculo para la aprobación del acuerdo o cuando el investigado no ratifique a presencia judicial la conformidad en los estrictos términos en que se haya formulado, se devolverá la causa al fiscal, que continuará su tramitación.

Artículo 173. *Sentencia.*

1. Homologado el acuerdo conforme a lo establecido en el artículo anterior, el juez dictará sentencia de estricta conformidad.

2. Únicamente serán recurribles las sentencias de conformidad cuando no se hayan respetado los requisitos o términos de esta.

Las principales novedades que podemos reseñar son las siguientes:

— Forma de finalización del proceso, ajena al normal desarrollo de este. (art 164)
— Ampliación del límite punitivo aplicable. Penas superiores a 5 años.
— Forma excluyente de finalización del proceso. Se excluye de poder realizar conformidad en el acto de Juicio Oral. La fase en la que se puede realizar la conformidad es excluyente para otra fase del procedimiento y exclusiva de esta forma de finalizar el proceso.
— Control judicial distinto al órgano de enjuiciamiento. Exclusiva, su conocimiento del juez de conformidad.

— Conformidad premiada basada en un principio de oportunidad que queremos pensar sea reglado no discrecional. Aunque deja a elección del Fiscal bajar en grado la pena.

— Concluye mediante una sentencia firme, que constituye la homologación o ratificación del acuerdo consensuado. No admite recurso.

— Conformidad premiada no con carácter imperativo, sino electivo del Fiscal. La rebaja en un grado es electiva, en atención al principio de oportunidad reglado.

— La persona discapaz puede ser excluida de la conformidad, se determinan medidas de apoyo.

— Determinación de presupuestos personales relativos al consentimiento del investigado y que deben de concurrir para esta forma de terminación del proceso. El investigado debe tener plena capacidad procesal

— Exclusión de la conformidad cuando haya de imponerse una medida de seguridad.

— De existir varios investigados, por unos mismos hechos o por hechos conexos, el acuerdo de conformidad debe alcanzar a todos ellos, se excluye por tanto aquellas conformidades parciales, en los que existe conformidad en algunos encausados y en otros no, debe verificarse la conformidad en todos ellos, con la excepción de la admisión fuera del acuerdo de las personas jurídicas, cuando, concurren con las personas físicas a las que alcanza el acuerdo de conformidad.

Por tanto, la figura procesal de conformidad se constituye en este Anteproyecto como una figura *ex novo* y *ex procesum*, deberemos analizar el derecho comparado, sobre todo su origen para comprender su aproximación a las legislaciones europeas y estadounidense y ver como este derecho anglosajón, colisiona con aquellos cuerpos legislativos que prima en ellos el principio de legalidad, pero al igual que en los sistemas europeos, entra con fuerza en el Anteproyecto de LECri, 2020.

13. LA CONFORMIDAD EN EL DERECHO COMPARADO

ANTECEDENTES- Los términos "Justicia Negociada" se refieren, en general, a mecanismos procesales en los que Ministerio Fiscal y acusado llegan a un consenso sobre las acusaciones y las penas y/o las medidas a aplicar en el caso concreto.[10]
Tales mecanismos en absoluto son característicos de nuestros tiempos. El juicio por *truglio* o "en concordia" vigente en la Nápoles borbónica, por ejemplo, tenía las mismas características y los mismos inconvenientes que sus descendientes modernos: El *truglio*, en definitiva, servía para descongestionar la justicia, acelerar los procesos e incluso favorecer la reinserción del reo, mediante la reducción de la pena o su sustitución por otras medidas. La negociación entre Fiscal y abogado defensor se llevaba a cabo sin la publicidad del juicio y el consentimiento del acusado era indispensable, aunque podía ocurrir que se omitiera pedirlo en los casos más urgentes. Procedimiento implementado a partir del siglo XV y vigente en 1700 en el reino de las dos Sicilias.[11] La búsqueda de las raíces históricas de este tipo de prácticas podría ir aún más atrás. Se podría por ejemplo ahondar en los mecanismos de la Inquisición española, estudiando el Edicto de Gracia, por el que el reo que se declarase culpable podía salvar su vida o recibir una "sentencia más benévola.[12]
En el derecho comparado, la conformidad adopta las siguientes formulas transaccionales:

---

10. GADDI DANIELA, 2020. *Materiales para una conformidad restaurativa. Estudios Penales y Criminológicos, XL, 991-1041.*
11. NICOLINI,1929, cit290-291, Traducción Gaddi Daniela, 2020).
12. DEDIEU, J.-P.: "Denunciar-denunciarse. La delación inquisitorial en Castilla la Nueva en los siglos XVI-XVII", *en Revista de la Inquisición, n. 2, 1992, pp. 95-108.*

A. El origen de la Institución: Estados Unidos

En el derecho procesal norteamericano prevalece el principio de oportunidad no reglado, donde la discrecionalidad prevalece presidiendo aquel principio, y la misma se halla en manos del Fiscal.

El Fiscal puede determinar el inicio o fin del proceso, tiene verdadera libertad para decidir sobre la norma aplicable incluso excluyendo el carácter punitivo de esta, realizando verdaderos contratos como apunta algún Autor[13]. Los juicios fueron sustituidos por los acuerdos alcanzados y en la actualidad, estos acuerdos o conformidades son el basamento del sistema norteamericano, denominado el *Plea Bargaining*.

Dicho sistema permite a las partes llegar a un acuerdo a cambio de asumir la responsabilidad de carácter penal que establece el Fiscal, el Fiscal puede poner fin al proceso, excluir la acción penal, y todo ello sin control jurisdiccional. En el *Charge Bargaining* se reduce en número y/o gravedad los delitos por los que se está procediendo, mientras que en el *Sentence Bargaining* el Fiscal "recomienda" al Juez la aplicación de una pena inferior a la prevista por el delito. El *Fact Bargaining*, implica que el Fiscal acepte los hechos propuestos por el acusado, renunciando a impugnar o a presentar pruebas de posibles agravantes. En algunas ocasiones, el acuerdo puede incluir el ofrecimiento de informaciones útiles para otras investigaciones o el compromiso del acusado para ser testigo en otro procedimiento en contra de otros acusados.

También en Estados Unidos existe la posibilidad de que la persona jurídica o física responsable de un delito económico negocie "acuerdos de no acusación", (*Non Prosecution Agreements*), con Organismos Públicos como Ministerio de Justicia

---

13. FERRÉ OLIVÉ, Juan Carlos, en un magnífico artículo publicado en la *Revista Electrónica de Ciencia Penal y Criminología 20, n° 6 (2018). "El Plea Bargaining, o cómo pervertir la justicia penal a través de un sistema de conformidades low cost".*

representado por un Fiscal o *Securities and Exchange Commission*, la diferencia entre unos y otros reside en el hecho, de que estos, "acuerdos de no acusación" no implican ninguna formalidad y se resuelven privadamente entre el acusado y el Fiscal. Los "acuerdos de acusación diferida", en la actualidad, son los acuerdos que se realizan entre la Acusación Pública y la persona jurídica, normalmente Corporaciones, en virtud de los cuales el Fiscal acepta diferir o renunciar a la Acusación si, en un determinado periodo de tiempo, la persona jurídica cumple con algunas obligaciones. No requieren la admisión de culpabilidad, a diferencia del *Plea Bargaining*. Las obligaciones consisten en pagar una multa, compensar a la víctima, hacer una donación a una organización benéfica, etc., si la persona jurídica no cumple la obligación el Fiscal puede interesar la apertura de juicio.

En Estados Unidos la Oficina del Fiscal General mediante comunicados de prensa hace público los "Acuerdos de No Acusación" como los "Acuerdos de Acusación Diferida".

La discrecionalidad con la que cuenta el Fiscal es ilimitada. El *Plea Bargaining*, consiente que la prueba escape al control jurisdiccional, que dependa exclusivamente de las partes, el Fiscal tiene y ostenta un principio de oportunidad libre, discrecional, puede reducir pena, retirar acusación, finalizar el proceso[14]. El acuerdo al que llegan las partes se denomina *Plea Agreement*.

La *Guilty Plea* o la asunción de culpabilidad sustituye la determinación de culpabilidad judicial y resulta fundamento suficiente para la determinación de pena.

Los Acuerdos de Acusación diferida, (*Deferred Prosecution Agreements*), están vigentes tanto en Estados Unidos como en Reino Unido y Canadá.

---

14. RODRÍGUEZ GARCÍA, N.: "Aproximación al estudio de la justicia penal negociada de los EE. UU.: *The Plea Bargaining Process*", en *REDEN: Revista Española de Estudios Norteamericanos, n. 9, 1995, pp. 91-107*

A través de dicha praxis, El Fiscal aprovecha la discrecionalidad que le otorga el principio de oportunidad e influye de esa manera en la resolución de conflictos penales.

Esta forma de finalización de procesos penales es cada vez más utilizada en países europeos.

En definitiva, estos procedimientos han hecho hoy entrada triunfal en el Derecho europeo. La Recomendación del Consejo de Ministros de Europa (87) 18, de 17 de septiembre de 1987, sugiere expresamente el procedimiento de *Guilty Plea* para acelerar la justicia.

En nuestro país, el principio de oportunidad electivo en los acuerdos de conformidad y la posición plenamente preponderante que le otorga y atribuye el anteproyecto de LECri, al Fiscal, nos impulsa a reseñar con cierta preocupación la influencia del sistema norteamericano en el Anteproyecto, debiendo en todo caso ser objeto de regulación y desarrollo ese principio de oportunidad no reglado.

B. La primera manifestación europea: Inglaterra y Gales

En el Derecho Procesal Penal inglés hay que destacar, siguiendo a Mireille Delmas-Marty[15] la llamada negociación sobre los hechos imputados o *Plea Bargaining*. Ésta puede realizarse en cualquier momento del proceso. Según la etapa en la que se realice ésta, las personas intervinientes son distintas. En la etapa policial, interviene la policía y el acusado.

Cuando interviene el Fiscal, es decir el *Crown Prosecution Service* puede haber negociación entre el acusado y el Fiscal.

En la fase intermedia y en el juicio oral ante la *Magistrates' Court* el acusado y el Fiscal participan en el *Plea Bargaining*. Ante el *Crown Court*, se plantea la cuestión de la intervención del Juez en la negociación. Las sentencias más antiguas dicen que se precisa de la aprobación previa del Juez (caso Soanes,

---

15. DELMAS-MARTY, M. *Procesos Penales de Europa, Alemania, Inglaterra, Gales, Francia, Bélgica e Italia. Edijus. Zaragoza. 2000*

1948). Sin embargo, las más recientes, aceptan que el Fiscal no pida la aprobación previa del Juez (caso Coward, 1979). También se regula en el Derecho inglés, la posibilidad de conciliación entre la víctima y el acusado.

En Inglaterra, el *Guilty Plea* entraña un descuento en la pena, que, en función de las circunstancias, y sobre todo del momento en que el acusado se declara culpable, puede llegar hasta un tercio. Las razones invocadas para justificar esta disminución de la pena, que en cierta medida erosiona el principio de la proporcionalidad de la sanción, son, como dice la doctrina, la economía de los recursos de la justicia y en ciertos casos, la protección de testigos, que se ahorran declaraciones traumatizantes. Es importante que el reconocimiento de la culpabilidad se produzca lo antes posible, antes de la instrucción de la causa. El Tribunal de Apelación inglés decía: *"the earlier the plea the higher the discount"*, en el caso *Hollintong and Emmmens*, de 1986. Es decir, cuanto más pronto se declara culpable el acusado, mejor para la Administración de Justicia.

C. Los sistemas continentales: Alemania, Bélgica y Francia

SISTEMA ALEMÁN

En el Derecho Procesal alemán, la posibilidad de Acuerdo entre el Juez y las partes, conocido como *Absprachen*, fue originariamente introducida en el 2009 y su constitucionalidad fue confirmada en 2013 con algunas limitaciones, aunque las negociaciones informales en el marco de la justicia penal eran una práctica común desde hacía tiempo.

El Procedimiento de *Absprachen*, consiste en un "entendimiento" o "acuerdo" que llega el Juez y las partes, en el que el juez basándose en informaciones que tiene acerca de los hechos, propone que se inicie una negociación avisando al acusado e indicándole a cuanto ascendería como límite máximo la sanción a imponer y cuál sería el mínimo imponible, por tanto, señala los límites de la pena como objeto de la negociación. El fallo final no es negociable, y si aparecieran nuevos elementos incriminatorios, tiene que avisar al acusado de que el fallo es modificable.

Como en Francia y en Bélgica, la ley procesal alemana establece la posibilidad de llevar a cabo encuentros entre víctima y acusado, lo que permite al juez mitigar la sanción o pena, a tenor da la reparación del daño realizado por el acusado o los actos que realice este para mitigar los efectos del delito.

Una de las razones a mí juicio, por las que este sistema alemán se ha implantado, ha sido el incremento de delitos económicos, que requieren de unos conocimientos y de una instrucción difícil y sofisticada. La víctima, no puede intervenir en los *Absprachen*, salvo que se haya personado en el proceso como acusación particular, debe ser oída y debe tener conocimiento de la negociación o el acuerdo, y puede opinar, pero no tiene opinión vinculante.

SISTEMA BELGA

En Bélgica la *transaction* pénale autoriza al Fiscal a ofrecer al acusado la posibilidad de evitar el juicio o de poner fin al proceso, mediante el abono de una suma de dinero o la renuncia a determinados bienes o beneficios patrimoniales, también se contempla por la legislación belga, la mediación víctima infractor. Está dirigido tanto a las personas físicas como jurídicas, teniendo como límite punitivo de penas hasta 5 años. No requiere reconocimiento de culpabilidad y evita el registro de condena o antecedentes penales. En 2011, su alcance se extendió a delitos más graves, siempre y cuando el delito no afecte a bienes personales como la vida o integridad física y se ha incentivado su aplicación a delitos económicos o corporativos. En el año 2018, el legislador introdujo una serie de garantías y controles jurisdiccionales además de la obligación para el Fiscal de motivar sus peticiones de acuerdo.

SISTEMA FRANCÉS

En Francia, en el año 2016, con una notable influencia de los "acuerdos de Acusación diferida" del sistema americano, se instaura la *Convention Judiciaire d'interêt Public*, con un ámbito de aplicación personal a personas jurídicas, y con un ámbito real para delitos económicos, Fiscales y de algunas figuras de corrupción. Esta Figura Procesal permite imponer a la persona jurídica una serie de obligaciones antes de que se inicie la acción pública, no requiere declaración de culpabilidad y tampoco tiene registro de antecedentes penales, es más, la persona jurídica, puede seguir participando de contrataciones públicas o privadas y con su actividad comercial. La puesta en marcha de la *Convention*, requiere aprobación del Presidente del tribunal a propuesta del Fiscal y se publica con una nota de prensa en la página web de la Agencia Francesa Anticorrupción.[16] Otra de las figuras que contempla el sistema francés es la *plaider-coupable*, cuyo ámbito de aplicación es a los delitos sancionados con penas de hasta 5 años de prisión, excluyéndose los *crimes* o delitos graves, y ciñéndose a los *delits* que son delitos de gravedad intermedia y las *contraventions* que serían como nuestros delitos leves.

La *plairdecoupable* tiene como contenido un acuerdo entre el Fiscal y la defensa, en el que el acusado se declara culpable a cambio de una pena más leve, tiene que ser ratificado por el juez. La víctima no participa de la negociación entre defensa y Fiscal, tiene derecho como parte civil a una indemnización.

Otra figura procesal de conformidad es la *composition penale*, en ella el acusado antes de la apertura del procedimiento, se declara culpable y acepta la sanción propuesta por el Fiscal, evita a si el juicio. Su ámbito de aplicación es para los *delits* menos graves y para las *contraventions* no se requiere homologa-

---

16. GALLI, M.: "Une justice pénale propre aux personnes morales. Réflexions sur la convention judiciaire d'intérêt public", en *Revue de science criminelle et de droit pénal comparé*, *Vol. 2, n. 2, 2018, pp. 359385*

ción del juez. Y se extiende tanto a las personas jurídicas como a las físicas.

Se prevé en todos aquellos supuestos en los que el fiscal considera que la medida impuesta puede proporcionar una reparación del daño causado a la víctima, poner fin al desorden resultante por la comisión del delito o contribuir a la rehabilitación de su autor.

Entre las medidas están, los trabajos en beneficio de la Comunidad, pago de una multa la obligación de reparar el daño, participar en talleres de formación o rehabilitación, etc. La victima tiene derecho a tener conocimiento de la negociación o acuerdo alcanzado, conservando su derecho a reclamar la indemnización.

D. El sistema italiano

En Italia, podemos decir que fue la Ley de 1988, la que introdujo la reforma importante en el proceso penal italiano. El legislador, siguiendo a Amodio, quiso apartarse del sistema europeo continental y aproximarse al *common law*. En Italia se quiso atajar la lentitud de los procedimientos, la duración excesiva e injustificada de la prisión provisional, la limitación del derecho de defensa etc., con la *craeacion del Patteggiamiento*, como expresión más significativa de la justicia consensuada.

El *patteggiamiento* italiano, las partes pueden de común acuerdo o individualmente presentar al juez una propuesta para la aplicación de una determinada pena con una rebaja de un tercio a la señalada por el código penal. Por tanto, el objeto del acuerdo, no son los hechos o la calificación que de ellos se haga sino la pena que se propone al juez.

El Juez, caso de disentir el acusado con el Fiscal, puede aceptar la propuesta del acusado si le parece suficientemente fundada, (art. 448 c. p. p.). Con todo ello esta aceptación de la propuesta del acusado no implica una aceptación expresa de culpabilidad Con el transcurso del tiempo se ha ido ampliando progresivamente esta figura procesal, elevándose los límites de pena y ampliando el ámbito de aplicación, como en los delitos contra la Administración Pública, en los que la posibilidad de acceder a esta justicia negociada queda subordinada a la reparación del provecho económico o en los delitos contra la hacienda pública, que requieren la condición de pago integral de la deuda.

Quedando sin resolver, cuando confluyen personas físicas con jurídicas, o la participación de terceros, o cuando son víctimas el estado y particulares.

II.
PERSONAS JURÍDICAS

1. REGULACIÓN PROCESAL

La reforma operada por la Ley 37/2011, de 10 de octubre, de medidas de agilización procesal vino a llenar las lagunas legales que se abrieron sobre la forma en la que las personas jurídicas debían intervenir en el proceso penal derivadas de las modificaciones que la LO 5/2010 introdujo en el Código Penal, al regular la responsabilidad penal de las personas jurídicas sólo en su aspecto sustantivo en el art. 31 bis del CP.

Estas son las especialidades procesales para las personas jurídicas incursas en un procedimiento penal:

A. La competencia de los Tribunales para el conocimiento y fallo de las causas contra una persona jurídica (art. 14 bis LECri)

Para determinar la competencia cuando el conocimiento y fallo de una causa dependa de la gravedad de la pena señalada por la ley se atenderá a la pena legalmente prevista para la persona física, aunque el procedimiento se dirija exclusivamente contra una persona jurídica.

B. La citación y comparecencia en juicio de la persona jurídica (art. 119 LECri) (Auto AN de 19 de mayo de 2014)

— La citación se hace en el domicilio social de la persona jurídica.
— Se requiere a la entidad para que designe un representante y Abogado y Procurador para el procedimiento, advirtiéndole de que, de no hacerlo, se le nombrarán de oficio estos últimos.

Si no designa representante el procedimiento se sustanciará con el Abogado y el Procurador.

— La comparecencia se practica con el representante especialmente designado de la persona jurídica investigada. Si no asiste se practicará con el Abogado de la entidad.
— El Juez informa al representante de la persona jurídica investigada o, en su caso, al Abogado, de los hechos que se le atribuyen. Se le facilitará por escrito mediante entrega de una copia de la denuncia o querella presentada.
— La designación del Procurador sustituirá a la indicación del domicilio a efectos de notificaciones, practicándose con el Procurador designado todos los actos de comunicación posteriores, incluidos los que la Ley asigna carácter personal. Si el Procurador ha sido nombrado de oficio se comunicará su identidad a la persona jurídica investigada.

El TS, en la sentencia 154/2016, de 29 de febrero, que constituye la primera condena penal a personas jurídicas, entiende que la persona jurídica estrictamente instrumental o "pantalla", es decir, la que carece de cualquier actividad lícita y creada, exclusivamente, para la comisión de hechos delictivos, ha de ser considerada al margen del régimen de responsabilidad del artículo 31 bis.

Esta interpretación está en consonancia con la de la FGE que, en su Circular 1/2016, aporta para supuestos futuros semejantes una solución solvente, a juicio del TS.

C. La práctica de las diligencias de investigación y prueba anticipada en procesos contra personas jurídicas (art. 120 LECri)

Se hará con el representante especialmente designado por la entidad, que podrá asistir acompañado del letrado encargado de la defensa de ésta. Si el representante no comparece, se sustanciarán con el Abogado defensor.

a) Forma de declarar de las personas jurídicas (art. 409 bis LECri)

— Se tomará declaración al representante especialmente designado por la entidad, asistido de su Abogado.
— La declaración irá dirigida a la averiguación de los hechos y a la participación en ellos de la entidad investigada y de las demás personas que hubieran también podido intervenir en su realización.
— Se le aplicará la regulación general sobre la declaración del investigado en lo que no sea incompatible con su especial naturaleza, incluidos los derechos a guardar silencio, a no declarar contra sí misma y a no confesarse culpable.
— La incomparecencia de la persona especialmente designada por la persona jurídica para su representación determinará que se tenga por celebrado este acto, entendiéndose que se acoge a su derecho a no declarar.

Con esta regulación se resuelve la problemática acerca de quién declaraba por la persona jurídica investigada cuando se le derivaba responsabilidad por aplicación del art. 31 bis CP.

b) Adopción de medidas cautelares contra las personas jurídicas (art. 544 quáter LECri)

Se le podrán imponer las medidas recogidas en el art. 33.7 CP y que son: Suspensión de sus actividades, clausura temporal de sus locales y establecimientos, intervención judicial para salvaguardar los derechos de los trabajadores o de los acreedores.

Se siguen el siguiente procedimiento: se requiere solicitud de parte. Se celebrará una vista a la que se citará a todas las partes personadas. Se dicta auto que será recurrible en apelación, cuya tramitación tendrá carácter preferente.

D. Domicilio de la persona jurídica a los efectos de acordar la entrada y registro (art. 554.4 LECri)

Lo será el espacio físico que constituya el centro de dirección de estas, ya se trate de su domicilio social o de un establecimiento dependiente, o aquellos otros lugares en que se custodien documentos u otros soportes de su vida diaria que quedan reservados al conocimiento de terceros.

E. Intervención en juicio de la persona jurídica (art. 746 LECri y 786 bis LECri)

Podrá estar representada por una persona que especialmente designe, debiendo ocupar en la Sala el lugar reservado a los acusados y podrá declarar en nombre de la persona jurídica si se hubiera propuesto y admitido esa prueba, sin perjuicio del derecho a guardar silencio, a no declarar contra sí mismo y a no confesarse culpable, así como ejercer el derecho a la última palabra al finalizar el acto del juicio.

No se podrá designar a estos efectos a quien haya de declarar en el juicio como testigo.

Si el representante no comparece, la vista se llevará a cabo con la presencia del Abogado y el Procurador de la persona jurídica.

F. La conformidad en juicio de la persona jurídica (art. 787.8 LECri)

Deberá prestarla el representante especialmente designado por la entidad, siempre que cuente con poder especial.

Dicha conformidad, que se sujetará a los requisitos legalmente exigidos con carácter general, podrá realizarse con independencia de la posición que adopten los demás acusados, y su contenido no vinculará en el juicio que se celebre en relación con éstos.

La SAP de Madrid 373/2017, de 2 de junio, desestima el recurso interpuesto por el Abogado del Estado contra la sentencia que absolvió a una mercantil de delitos contra la Hacienda Pública por los que condenó a sus administradores, puesto que el Abogado del Estado, único acusador, en el trámite de conformidad preguntó a los acusados si se conformaban con los hechos, pero no a quien representaba legalmente a la empresa, que era precisamente uno de los acusados, de forma que éste reconoció los hechos en su propio nombre, pero no en el de la persona jurídica, y no solicitó la continuidad del juicio para demostrar los hechos contenidos en su escrito de acusación contra la persona jurídica.

G. La busca y captura de la persona jurídica (art. 839 bis LECri)

Será llamada mediante requisitoria cuando no haya sido posible su citación para el acto de primera comparecencia por falta de un domicilio social conocido.

Se harán constar los datos identificativos de la entidad, el delito que se le atribuye y su obligación de comparecer en el plazo que se haya fijado, con Abogado y Procurador, ante el Juez que conoce de la causa.

Se publicará, además de en el BOE, en el BORME o en cualquier otro periódico o diario oficial relacionado con la naturaleza, el objeto social o las actividades del ente investigado.

Si la persona jurídica no comparece en plazo, se le declarará rebelde.

H. Derecho de defensa de la persona jurídica y su representación por persona física, también acusada, en el mismo procedimiento.

Dice el TS en su STS 154/2016, de 29 de febrero, que nada impide apreciar la posible conculcación efectiva del derecho de defensa de la persona jurídica y disponer la repetición, cuando menos, del Juicio oral, en lo que al enjuiciamiento de la persona jurídica se refiere, a fin de que la misma fuera representada por alguien ajeno a cualquier posible conflicto de intereses procesales con los de la entidad, que debería en este caso ser designado, si ello fuera posible, por los órganos de representación, sin intervención en tal decisión de quienes fueran a ser juzgados en las mismas actuaciones.

Dice el TS en su sentencia 221/2016, de 16 de marzo que los principios del proceso penal no pueden aceptarse o rechazarse, son los que son y aplicables tanto a la persona física como a la jurídica.

2. CONSIDERACIÓN DE LA CONFORMIDAD A LA LUZ DE SU REGULACIÓN

Antes de nada, he de destacar que, si bien su regulación procesal se rige por las disposiciones generales atenientes a las personas físicas, la "confesión "de la persona jurídica "presenta peculiaridades su conformidad.

En primer lugar se destaca por la ley procesal, que deberá ser prestada por el representante de la entidad con poder especial, , el poder debe ser específico para ese acto procesal, no cabe que sea general, y en segundo lugar puede ser PARCIAL es decir que en nada afecta y vincula a otras partes acusadas en el procedimiento, con lo cual si bien la conformidad de las personas físicas debe ser total y plena no cabiendo conformidades parciales, la conformidad de la persona jurídica puede ser prestada con independencia de otras partes acusadas.

El legislador con este cambio tan brutal en la regulación de esta figura procesal ha hecho de la misma, su naturaleza, de plena disponibilidad de parte, cuando la norma procesal había sido históricamente contemplada como de nula disponibilidad de parte. Con ello se ha querido allanar a mi juicio el camino a la conformidad de la mayor parte de delitos donde se halla la persona jurídica implicada.

No obstante lo anterior entendemos que la posición conformante que adopte la persona jurídica si afectará por interpretación extensiva a las demás partes intervinientes en el proceso, y, con independencia de lo regulado por la Ley Procesal, al existir esta afectación, al resto de partes en el proceso, éstas sí deben tener conocimiento pleno tanto de conversaciones previas a este acuerdo como del acuerdo alcanzado y a mi juicio su conocimiento debe ser previo a juicio con la finalidad de prever la estrategia defensiva y posicionar este acuerdo con el resto de pruebas. Se debería actuar de la misma manera que las conformidades parciales en las que hay varios o numerosos investigados conformándose unos si y otros no. En la conformidad según protocolo, entiendo que si las demás partes del proceso no están de acuerdo debiera dejarse para la etapa del plenario, como hace la Ley procesal, y ello porque podría derivarse cierta indefensión para el resto de imputados, ahora bien, si existe consenso en el acuerdo alcanzado nada obsta a que tanto en la fase de instrucción como de enjuiciamiento se llegue a una conformidad según protocolo.

3. LA PERSONA JURÍDICA EN EL PROYECTO DE LEY DE MEDIDAS DE EFICIENCIA PROCESAL REFORMAS PROCESALES. CONFORMIDAD

La Reforma o proyecto de ley no regulaba de manera diferente la conformidad de las personas jurídicas, para prestar conformidad será preciso que quien las represente en juicio cuente con poder especial al efecto y no quedará condicionada a la conformidad del resto de encausadas personas físicas.

> *785, 11, ".Cuando el acusado sea una persona jurídica, la conformidad deberá prestarla su representante especialmente designado, siempre que cuente con poder especial. Dicha conformidad, que se sujetará a los requisitos enunciados en los apartados anteriores, podrá realizarse con independencia de la posición que adopten los demás acusados, y su contenido no vinculará en el juicio que se celebre en relación con éstos."»*

Se modificaba también lo dispuesto en los artículos 785, 786, 787 y 802, regulándose una audiencia a la que se citará únicamente al Ministerio Fiscal y a las partes, así como a los acusados Esta audiencia tendrá por finalidad no solo la admisión de pruebas, sino también una posible conformidad, sin que sea precisa la citación de todos los testigos y peritos, así como la depuración de aquellas cuestiones que pudieran suponer la suspensión de la celebración del juicio oral y un nuevo señalamiento o la posible nulidad de pruebas por vulneración de derechos fundamentales, sin necesidad de esperar a su resolución en sentencia tras la celebración del juicio oral.

En esa comparecencia podrá conformarse el representante de la persona jurídica acusada, aunque no lo quiera llevar a cabo el directivo o empleado que haya delinquido y en virtud de lo cual ex art. 31 bis CP se haya llevado al proceso penal a la persona jurídica.

Si en estos casos la persona jurídica no tenía un adecuado programa de cumplimiento normativo, tendría la opción de que antes del juicio oral pudiera ponerlo en marcha y acreditarlo debidamente, planteando ante el fiscal en esa comparecencia la conformidad, pudiendo plantear la aplicación de la atenuante del art. 31 quater.

Sobre la posibilidad de aportar prueba en ese momento procesal debemos destacar que en el art. 785.1 in fine LECri de esta reforma se recoge que: Podrán igualmente proponer la incorporación de informes, certificaciones y otros documentos. Y asimismo podrá proponerse la práctica de otras pruebas de que las partes no hubieran tenido conocimiento en el momento de formular el escrito de conclusiones provisional. Se entiende como viable que se pueda aportar esta prueba pericial de un experto en *compliance* que haya acudido a la empresa y pueda exponer el carácter adecuado de este programa de cumplimiento que en la medida en la que sea mejor, permitirá modular la pena a imponer y la rebaja que la fiscalía puede reclamar si tras examinar al perito en la comparecencia le plantea a la defensa de la persona jurídica una modificación de la calificación provisional para alcanzar una conformidad.

Ahora bien, nada se indica respecto a los supuestos de existencia de una pluralidad de personas jurídicas encausadas y la procedencia de que todos ellos presten o no, su conformidad. De igual forma, la conformidad de las personas físicas encausadas no precisará la de las personas jurídicas. Puede afirmarse, por tanto, que son independientes.

En definitiva, si bien la conformidad debe ser expresa y en su totalidad, la persona jurídica en el proyecto de reforma del texto legal y en el texto vigente se admite la posibilidad de prestar una conformidad con independencia de la persona física, presentándose un vacío legal en la concurrencia de varias personas jurídicas y que sólo alguna de ellas presten la conformidad, debiéndose resolver como apuntábamos para las personas físicas, se podría dictar sentencia de conformidad para las que se hallan conformado y acudir a la fase de enjuiciamiento como testigos de las no conformados.[17]

4. ANTEPROYECTO DE LECRI DE 2020

Las principales notas de la conformidad de la persona jurídica se recogen en el art 85 que dice así;

---

17. MAGRO SERVET, diario *La Ley* nº 9757, sección doctrina, 18 de diciembre de 2020

Artículo 85. Conformidad. 1. La persona especialmente designada para representar a la entidad encausada podrá prestar la conformidad siempre que cuente con poder especial otorgado por la persona jurídica. 2. La conformidad se prestará conforme al procedimiento establecido en esta ley con las siguientes salvedades: a) comprobada por el tribunal la existencia de poder especial, la conformidad se entenderá prestada sin que sea preciso ningún acto de ratificación; b) la conformidad podrá prestarla la persona jurídica independientemente de la posición que adopten las demás personas encausadas y su contenido no vinculará en el juicio que se celebre respecto de estas.

Como vemos tanto la regulación del proyecto de medidas de eficiencia procesal, como en al anteproyecto y en la regulación de la LECri vigente, se regula la conformidad de la persona jurídica, su discrepancia con la persona física de manera similar.

III.
PROCEDIMIENTO DE JURADO. CONFORMIDAD

Dispone el art 50 de la Ley de Jurado, que procederá la disolución de Jurado si las partes interesaren que se dicte sentencia de conformidad, con el escrito de calificación en el que se solicite pena de mayor gravedad o con el que presentaren todas las partes conjuntamente sin inclusión de otros hechos que los objeto de juicio ni calificación más grave que las incluidas en las conclusiones provisionales, La pena conformada no podrá exceder de 6 años de privación de libertad sola o conjunta con las de multa y privación de derechos. En la práctica se admiten conformidades con penas superiores a los seis años.

La instrucción 2/2009 de 22 de junio sobre los juicios de conformidad según el protocolo suscrito entre la Fiscalía General del Estado y el Consejo General de la Abogacía, afirma que,

> "...Nada impide sin embargo que los mecanismos de contacto y enlace que el Protocolo pone en marcha puedan aplicarse en ese ámbito. La razón de su exclusión —o, mejor dicho, de su omisión— ha sido preservar la sencillez aplicativa del Protocolo, que podría haberse visto comprometida por el complejo régimen jurídico de la conformidad en la Ley del Jurado, que como es sabido incluye normas específicas reguladoras de la terminación consensuada del proceso, extendiéndola incluso más allá de la apertura de la fase de enjuiciamiento".

En el mismo sentido el Anteproyecto de la LECri contempla la conformidad en los juicios de jurado, pero restringiendo su regulación a la misma normativa que regula éste.

Será interesante saber cómo interpreta esta norma el Ministerio Fiscal y las instrucciones que dará a sus funcionarios, de momento ya ha elaborado dos Notas internas al respecto, la 1/2025, de 28 de marzo, sobre la entrada en vigor y derecho transitorio de la Ley Orgánica 1/2025, de 2 de enero, de medidas en materia de eficiencia del Servicio Público de Justicia, y la 2/2025, de 28 de marzo, sobre los criterios orientativos en relación con el art. 20 de la Ley Orgánica 1/2025, de 2 de enero: Delito de usurpación, delito de allanamiento de morada y conformidad en el procedimiento ante el Tribunal del Jurado.

IV.
CONFORMIDAD PENAL
Y PANDEMIA

LA PANDEMIA DE CORONAVIRUS COVID-19[18]

La crisis sanitaria provocada por la pandemia de coronavirus COVID-19 ha supuesto en el año 2020 la práctica paralización de la Administración de Justicia durante casi dos meses y, pese a las medidas adoptadas en el Real Decreto-Ley 16/2020, de 28 de abril, de medidas procesales y organizativas para hacer frente al COVID-19 en el ámbito de la Administración de Justicia, presumiblemente se tardará tiempo en volver a los niveles de productividad anteriores a la crisis, lo que ha generado altos niveles de atascos en nuestros juzgados y tribunales. Entre las 60 medidas propuestas por la Fiscalía General del Estado (FGE) para el plan de desescalada en la Administración de Justicia tras la pandemia de coronavirus COVID-19, se hallan la Conformidad según protocolo y la Mediación, sin olvidar, como señala la propuesta de la FGE, que hay que partir de la irrenunciable garantía de los derechos fundamentales, del derecho de defensa y de los derechos de la víctima, que no pueden verse ni vulnerados ni disminuidos por las medidas que se adopten para la superar la crisis.

---

18. PROPUESTA DE 60 MEDIDAS PARA EL PLAN DE DESESCALADA EN LA ADMINISTRACIÓN DE JUSTICIA TRAS LA PANDEMIA DE CORONAVIRUS COVID-19. (fuente: fiscal.es)

El argumento justificativo de la conformidad en base a la economía procesal que conlleva, como un instrumento eficaz para aliviar el atasco de juzgados y tribunales ante la creciente conflictividad penal, decae en gran parte al comprobar que en la práctica ha triunfado de un modo casi absoluto la modalidad de conformidad que se alcanza justo en el momento previo de comenzar el juicio oral, con lo cual pierde utilidad; es cierto que se evita el juicio oral y un hipotético recurso, pero es lo único que se evita, ya que todas las fases anteriores se han desarrollado íntegramente, la instrucción, la interminable fase intermedia y la preparación del juicio oral, con citación de acusados, testigos y peritos, que incluso llegan a comparecer ante el órgano de enjuiciamiento.

Frente a ello, la FGE propone dos medidas de tipo organizativo que no necesitan reforma legislativa. En primer lugar, la propuesta n.º 13, se refiere a la potenciación del Protocolo de actuación para juicios de conformidad suscrito en 2009 entre la FGE y el Colegio General de la Abogacía. En base a este Protocolo se suscribieron los correspondientes protocolos entre las distintas fiscalías y los colegios de abogados, con el objetivo principal de facilitar las conformidades del artículo 784, 3 LECri, previas al juicio oral. Sin duda, se trata de una medida acertada y que ha resultado plenamente eficaz.

La propuesta n.º 14, anima a los órganos de enjuiciamiento, coordinadamente con el Ministerio Fiscal, a intensificar las jornadas de señalamientos en los que, con exclusiva citación del encausado y de la defensa, se concentraran juicios a los solos efectos de posibles conformidades. Se trata de una medida que ya viene siendo utilizada con éxito por muchos juzgados de lo penal y audiencias provinciales y que conlleva los beneficios de evitar la comparecencia en juicio de la víctima, y con ello la segunda victimización, así como de los testigos y peritos, y rebajar la tarea de los juzgados de proceder a su citación.

Es una medida fácil de aplicar, en opinión de algunas Fiscalías, que, si bien no evita la fase intermedia y solo suprime parte de la preparación del juicio oral, sí conlleva claros beneficios frente a la conformidad alcanzada en el acto de juicio oral.

En contra de este tipo de señalamientos se argumenta que si es el juez o tribunal el que indica cuáles son los juicios susceptibles de ser conformados ya está prejuzgando la causa.

Entendemos que este argumento tiene fuerza suficiente para hacer decaer esta práctica, pero, en cualquier caso, una forma de solventarlo sería que fuera el fiscal el que indicara qué causas son merecedoras de este tipo de señalamientos, parecer de la Fiscalía Provincial de Madrid. la información estadística disponible sugiere que la conformidad «goza de muy buena salud» en el sistema procesal penal español, ya que su incidencia es evidente. En todo caso, se afirma que, pese a ello, «no se logra dar la impresión de agilización procesal».

Por ejemplo, en la Memoria de la Fiscalía General del Estado del año 2021 se da cuenta de un alto porcentaje de incidencia de la conformidad en el total de sentencias condenatorias dictadas por juzgados de lo penal y por Audiencias Provinciales entre los años 2016 y 2020. En los juzgados de lo penal, la incidencia en esos años fluctúa entre el 63 % y el 64 % del total de condenas, y en las audiencias provinciales, entre el 51 % y el 59 % de todas las condenas. En Madrid, la Fiscalía Provincial, en la Audiencia provincial, logró alcanzar un alto porcentaje de sentencias de conformidad, en las que la coordinación de letrados y Fiscales fue muy eficaz.[19]

Desde otro punto de vista, se estima que en torno al 70 % de las causas penales ordinarias terminan a través de una sentencia de conformidad, y que alrededor del 90 % de los juicios rápidos finalizan por la misma vía. Lo anterior permite a un sector de la doctrina sostener que la desaparición o la reducción del ámbito de aplicación de la conformidad producirían un colapso en el sistema. Así, algún autor[20] señalaba en el año 2018 que, «a buen seguro, no solamente una inimaginable su-

---

19. Esta información se encuentra disponible en Fiscalía General del Estado (2021) Fiscal.es

20. FRAGA, J. (2018*). Las diversas manifestaciones de la conformidad en el Derecho procesal penal español. Madrid: Editorial Jurídica Sepín pp. 241*

presión, sino también una irreflexiva reforma de la institución que la privase —aun de manera parcial— de su operatividad, llevaría a un irremediable colapso a gran parte de nuestros órganos jurisdiccionales en el orden penal»

En el campo de las medidas que requieren reforma legislativa la Fiscalía General del Estado, propone tres;

En primer lugar, la propuesta n.º 44, interesa la modificación del artículo 801 LECri que regula la conformidad premiada del procedimiento de enjuiciamiento rápido, de manera que se extienda su ámbito a hechos calificados como delito castigado con pena de hasta cinco años de prisión, superando los tres años actualmente fijados como límite.

En segundo lugar, la propuesta n.º 45, se refiere al artículo 784 LECri, que regula la conformidad en procedimiento abreviado previa a la celebración del juicio oral, interesando su reforma para que en este caso el acusado también se beneficie de la reducción de un tercio de su condena, al igual que ocurre en el procedimiento de enjuiciamiento rápido, ahora bien, esta conformidad privilegiada solo sería aplicable cuando se prestara con anterioridad a la celebración del juicio oral, pues si no se perderían los beneficios que se pretenden conseguir con ella.

En tercer y último lugar, la propuesta n.º 52 se refiere al procedimiento por aceptación por decreto escrito de calificación en el que se solicite pena de mayor gravedad o con el que presentaren todas las partes conjuntamente sin inclusión de otros hechos que los objetos de juicio ni calificación más grave que las incluidas en las conclusiones provisionales, La pena conformada no podrá exceder de 6 años de privación de libertad sola o conjunta con las de multa y privación de derechos. En la práctica se admiten conformidades con penas superiores a los seis años.

La instrucción 2/2009 de 22 de junio sobre los juicios de conformidad según el protocolo suscrito entre la Fiscalía General del Estado y el Consejo General de la Abogacía, afirma que,

> "...Nada impide sin embargo que los mecanismos de contacto y enlace que el Protocolo pone en marcha puedan aplicarse en ese

ámbito. La razón de su exclusión —o, mejor dicho, de su omisión— ha sido preservar la sencillez aplicativa del Protocolo, que podría haberse visto comprometida por el complejo régimen jurídico de la conformidad en la Ley del Jurado, que como es sabido incluye normas específicas reguladoras de la terminación consensuada del proceso, extendiéndola incluso más allá de la apertura de la fase de enjuiciamiento".

En el mismo sentido el Anteproyecto de la LECri contempla la conformidad en los juicios de jurado, pero restringiendo su regulación a la misma normativa que regula éste.

V.

ANÁLISIS DE LA CONFORMIDAD PENAL EN LA LEY ORGÁNICA 1/2025, DE 2 DE ENERO, DE MEDIDAS EN MATERIA DE EFICIENCIA DEL SERVICIO PÚBLICO DE JUSTICIA

Las principales novedades que introduce la Ley Orgánica 1/2025, de 2 de enero, de medidas en materia de eficiencia del Servicio Público de Justicia, no son sólo en cuanto a denominar de manera distinta a los órganos jurisdiccionales, de Juzgados a Tribunales de Instancia, con la consiguiente reorganización de la demarcación y de la planta judicial, así como la plantilla de los mismos, y a la propia Administración de Justicia que pasa a ser el Servicio Público de Justca, sino que contiene importantes reformas de calado en el ámbito procesal penal. Entre ellas se encuentra la conformidad en el ámbito penal , sin límite de la pena impuesta, así como la justicia restaurativa y la mediación, con la preceptiva celebración de una audiencia preliminar al juicio oral con el fin de resolver las cuestiones procesales, la posible vulneración de derechos fundamentales, sobre la posibilidad de suspensión del juicio, análisis de la nulidad de actuaciones, así como la antijuridicidad de la prueba propuesta y proposición de prueba documental y de nueva prueba. Audiencia que sin duda puede valer para acelerar los tiempos en el procedimiento, si no se convierte en un trámite automático y vacío de contenido en la mayoría de las causas que a diario se ventilarán en los Tribunales de lo Penal, siendo la inmensa mayoría sobre delitos contra la integridad personal, violencia sobre la mujer, el patrimonio, la seguridad vial o la salud pública, para resolver sobre la necesidad de la prueba propuesta y su pertinencia, así como su posible práctica para evitar suspensiones por su falta de verificación real. Quedando delimitado este momento de la audiencia preliminar como preclusivo para la admisión de la prueba, sin que posteriormente puedan presentarse por las partes más pruebas documentales, sobre todo, informes periciales, práctica habitual hasta ahora y que suponía en muchos casos nuevas suspensiones para valoración de los mismos. Pudiendo conformarse cualquiera de los acusados también en esta audiencia preliminar, sin que el resto sea preciso que lo hagan para continuar el juicio contra ellos y siendo deseable la resolución conjunta en una única sentencia tanto de los acusados conformados como de los que han decidido continuar con el procedimiento por razones obvias de economía procesal y para evitar resoluciones contradictorias. En el texto legislativo, como se dice en su Exposición de motivos, se reforman, entre otros muchos y para lo que aquí importa, los artículos 655, 701 y 785, y se introduce un nuevo artículo 787 ter de la LECr, que analizaremos a continuación.

Así el art. 655 de la LECr. en su redacción anterior establecía:

> «Si la pena pedida por las partes acusadoras fuese de carácter correccional, al evacuar la representación del procesado el traslado de calificación podrá manifestar su conformidad absoluta con aquella que más gravemente hubiere calificado, si hubiere más de una, y con la pena que se le pida; expresándose además por el Letrado defensor si, esto, no obstante, conceptúa necesaria la continuación del juicio.
>
> Si no la conceptúa necesaria, el Tribunal, previa ratificación del procesado, dictará sin más trámites la sentencia que proceda según la calificación mutuamente aceptada, sin que pueda imponer pena mayor que la solicitada.
>
> Si ésta no fuese la procedente según dicha calificación, sino otra mayor, acordará el Tribunal la continuación del juicio.

También continuará el juicio si fuesen varios los procesados y no todos manifestaren igual conformidad.

Cuando el procesado o procesados disintiesen únicamente respecto de la responsabilidad civil, se limitará el juicio a la prueba y discusión de los puntos relativos a dicha responsabilidad».

Con la reforma ha quedado redactado para el sumario de la siguiente manera:

«Artículo 655.

1. Al evacuar la representación del procesado el traslado de calificación, podrá manifestar su conformidad absoluta con aquella que más gravemente hubiere calificado, si hubiere más de una, y con la pena que se le pida; expresándose además por la asistencia letrada si esto, no obstante, conceptúa necesaria la continuación del juicio.

El letrado o la letrada facilitará por escrito a la persona a quien defiende la información sobre el acuerdo alcanzado.

Si el letrado o la letrada del procesado no conceptúa necesaria la continuación del juicio y, el tribunal, a partir de la descripción de los hechos aceptada por todas las partes, entendiere que la calificación aceptada es correcta y que la pena es procedente según dicha calificación, dictará sentencia de conformidad. Dicha conformidad podrá ser también prestada con el nuevo escrito de calificación que conjuntamente firmen las partes acusadoras y la parte acusada junto a su letrado o letrada, que no podrá referirse a hecho distinto, ni contener calificación más grave que la del escrito de acusación anterior. El tribunal oirá en todo caso al acusado acerca de si su conformidad ha sido prestada libremente y con conocimiento de sus consecuencias. En caso de que el tribunal considerare incorrecta la calificación formulada o entendiere que la pena solicitada no procede legalmente, requerirá a la parte que presentó el escrito de acusación más grave para que manifieste si se ratifica o no en él. Sólo cuando la parte requerida modificare su escrito de acusación en términos tales que la calificación sea correcta y la pena solicitada sea procedente y el acusado preste de nuevo su conformidad, podrá el juez, jueza o tribunal dictar sentencia de conformidad. En otro caso, ordenará la celebración del juicio. También continuará el juicio si fuesen varios los procesados y no todos manifestaren igual conformidad.

2. El Ministerio Fiscal oirá previamente a la víctima o perjudicado, aunque no estén personados en la causa, siempre que hubiera sido posible y se estime necesario para ponderar correctamente los efectos y el alcance de tal conformidad, y en todo caso cuando la gravedad o trascendencia del hecho o la intensidad o la cuantía sean especialmente significativos, así como en todos los supuestos en que víctimas o perjudicados se encuentren en situación de especial vulnerabilidad.

3. Una vez que la defensa del acusado manifieste su conformidad, el presidente o presidenta del tribunal informará a la persona acusada de sus consecuencias y a continuación la requerirá a fin de que manifieste si presta su conformidad. Cuando el tribunal albergue dudas sobre si la persona acusada ha prestado libremente su conformidad, acordará la celebración del juicio.

4. Cuando el procesado o procesados disintiesen únicamente respecto de la responsabilidad civil, se limitará el juicio a la prueba y discusión de los puntos relativos a dicha responsabilidad.

5. No vinculan al tribunal las conformidades sobre la adopción de medidas protectoras en los casos de limitación de la responsabilidad penal. Previa ratificación del procesado, dictará sin más trámites la sentencia que proceda según la calificación mutuamente aceptada, sin que pueda imponer pena mayor que la solicitada.

6. La sentencia de conformidad se dictará oralmente y documentará en el acta con expresión del fallo y una sucinta motivación, sin perjuicio de su ulterior redacción. Si el fiscal y las partes, conocido el fallo, expresaran su decisión de no recurrir, el juez, en el mismo acto, declarará oralmente la firmeza de la sentencia y se pronunciará, previa audiencia de las partes, sobre la suspensión de la pena impuesta o su sustitución, cuando proceda. También resolverá el tribunal sobre los aplazamientos de las responsabilidades pecuniarias y se realizarán, en cuanto fuera posible, los requerimientos y liquidaciones de condena de las penas impuestas en la sentencia.

7. Únicamente serán recurribles las sentencias de conformidad cuando no hayan respetado los requisitos o términos de la conformidad, sin que la persona acusada pueda impugnar por razones de fondo su conformidad libremente prestada.

8. Cuando el acusado sea una persona jurídica, la conformidad deberá prestarla su representante especialmente designado, siempre que cuente con poder especial. Dicha conformidad, que se sujetará a los requisitos enunciados en los apartados anteriores, podrá realizarse con independencia de la posición que adopten las demás personas acusadas y su contenido no vinculará en el juicio que se celebre en relación con éstos.

Si ésta no fuese la procedente según dicha calificación, sino otra mayor, acordará el Tribunal la continuación del juicio.

También continuará el juicio si fuesen varios los procesados y no todos manifestaren igual conformidad.

Cuando el procesado o procesados disintiesen únicamente respecto de la responsabilidad civil, se limitará el juicio a la prueba y discusión de los puntos relativos a dicha responsabilidad».

El texto legislativo en su Exposición de motivos justifica la modificación del artículo 655 de la LECr. para introducir determinadas mejoras en el régimen de la conformidad, excluyéndose limites penológicos a su ámbito de aplicación. Estableciendo la obligación de suministrar información por escrito del acuerdo alcanzado. Asimismo, para facilitar la conformidad tanto en el procedimiento abreviado cuyo enjuiciamiento corresponde a la Audiencia Provincial, como en el procedimiento ordinario, se suprime el límite penológico de seis años, sin necesidad de celebrar el juicio oral, evitando la conformidad encubierta, que se venía produciendo en determinados procesos donde se pactaba la misma pero al tener una pena superior a la permitida, se celebraba el juicio oral renunciando las partes a las pruebas, excepto a la confesión del acusado, con reducción de la pena en las conclusiones del Fiscal, lo que supondrá que en la práctica determinados procesos de estas características se resuelvan por conformidad, pero no previendo que aumenten en número significativo a los que actualmente se resuelven por conformidad, al tratarse de penas que no podrán quedar en suspenso con el consiguiente ingreso en prisión del condenado aunque abone la responsabilidad civil o presente un plan de pagos, al tratarse de penas privativas de libertad muy elevadas no susceptibles de ser suspendido su cumplimento por ser superior a los dos años de prisión, por mucho que se aplique la atenuante de reparación del daño como muy cualificada, siendo en muchos casos acusados que no pueden hacer frente a responsabilidades civiles ni siquiera moderadas, menos aún a las de cuantía elevada. Porque, aunque se prevé la conformidad exclusiva en la pena, quedando al margen la conformidad civil, creemos que no se van a conformar las acusaciones particulares con conformidades si no se satisface la responsabilidad civil íntegramente o se establece un plan de pagos futuro creíble y con seguridad de cumplimiento por parte del condenado también civilmente. En el ámbito del juicio rápido regulado en los arts. 800 y 801 de la LECr. también puede conformarse la defensa del acusado, sin variación alguna de lo anteriormente establecido en estos preceptos. Se modifica por lo tanto el art. 655 de la LECr. eliminando la previsión de que la conformidad solo pueda realizarse en los casos de que la pena sea correctiva, de tal forma que pueda llegarse a conformidad sin limitación penológica, al igual que en el sumario y en el procedimiento abreviado.

No va a estar exenta de polémica doctrinal y forense la conformidad sin límite de la pena, toda vez que la falta de fiscalización y de valoración judicial de la prueba, así como en no pocos casos el deseo del acusado de finalizar con el procedimiento que se ha prolongado en el tiempo con el consiguiente desgaste emocional, reputacional y económico, determine que se vean vulnerados sus derechos fundamentales a un proceso justo, y no determinado por el principio de economía procesal, sin perjuicio de que si el juez o tribunal aprecia que la conformidad no se ha prestado libremente orden continuar con el procedimiento.

Se articula una novedosa tramitación en caso de conformidad que establece la posibilidad de que sea prestada con el nuevo escrito de calificación que conjuntamente firmen las partes al inicio del juicio oral. El tribunal deberá oír en todo caso al acusado para determinar que la conformidad ha sido prestada libremente y con conocimiento de las consecuencias, y, en determinados supuestos, el Ministerio Fiscal deberá oír previamente a la víctima o perjudicado, aunque no estén personados, siempre que lo crea oportuno con el fin de ponderar correctamente los efectos y el alcance de la conformidad, y de manera preceptiva cuando por la gravedad, trascendencia del hecho, intensidad o por la cuantía sea especialmente significativo, y en todos los supuestos en que las víctimas o los perjudicados se encuentren en situación de especial vulnerabilidad. Quedando a criterio del Ministerio Fiscal las conformidades en las que, por estas especiales circunstancias de gravedad, trascendencia del hecho —que suponemos que se incluirá no sólo la jurídica, sino la repercusión social— intensidad —que perfectamente se encuentra incluida en el juicio de ponderación de la gravedad del hecho, por lo que no era necesaria su mención expresa al margen de ésta— así como por la cuantía —suponemos que en casos de ser algo elevada—, deba ser oída previamente la víctima o el perjudicado. Por consiguiente, se deberá estar a las instrucciones que el Ministerio público dicte a sus funcionarios para concretar tales conceptos jurídicos indeterminados y lo que vaya fijando la jurisprudencia al interpretarlos.

Verificado lo anterior, la sentencia de conformidad se dictará oralmente y documentará en el acta con expresión del fallo y una sucinta motivación, sin perjuicio de su ulterior redacción. En caso de que no se hubiere alcanzado una conformidad plena, es decir, no se alcance acuerdo en la fijación de la responsabilidad civil, se continuará el juicio sustanciándose sólo esta pretensión en el plenario. Igualmente se celebrará el juicio, pero en este supuesto en su integridad, sometiendo a debate la responsabilidad criminal y la civil, en caso de que el tribunal tenga dudas sobre la voluntad de conformarse del acusado, en tanto que esté viciada o no se preste libremente. Circunstancia que se produce a veces en la práctica en juicios por delitos en el ámbito familiar y de violencia sobre la mujer, donde el acusado por su deseo de acabar de una vez con el proceso, muestra su conformidad sin pleno convencimiento de la misma, admitiendo hechos que en su arcano parece no tenerlos asumidos, dudando incluso de su veracidad dada la gran subjetividad en el relato de los hechos por las partes en algunos casos. Se trata de hechos que ocurren en lo más íntimo de las relaciones humanas en el domicilio familiar, no exentos de ira en muchos casos, que provocan que la percepción de los mismos y los recuerdos que se tienen, aunque se hayan producido recientemente, así como en su relato, determinen que lo manifestado por el acusado se aleje considerablemente de lo realmente ocurrido o de lo sufrido realmente por la víctima y manifestado en su declaración en instrucción.

Por otro lado, se establece expresamente que no vinculan al tribunal las conformidades sobre la adopción de medidas protectoras en los casos de limitación de la responsabilidad penal.

Finalmente, sobre esta materia, sólo serán recurribles las sentencias de conformidad cuando no respeten el acuerdo libremente alcanzado por las partes.

No existiendo conformidad se continuará sin más trámite con lo previsto en el artículo 701 de la LECr., que con el nuevo texto preceptúa para el sumario que:

«Cuando el juicio deba continuar, por falta de conformidad de los acusados con la acusación, se procederá del modo siguiente: Se dará cuenta del hecho que haya motivado la formación del sumario y del día en que éste se comenzó a instruir, expresando además si el procesado está en prisión o en libertad provisional, con o sin fianza. Se dará lectura a los escritos de calificación y a las listas de peritos y testigos que se hubiesen presentado oportunamente, haciendo relación de las pruebas propuestas y admitidas. Acto continuo se pasará a la práctica de las diligencias de prueba y al examen de los testigos, empezando por la que hubiere ofrecido el Ministerio Fiscal, continuando con la propuesta por los demás actores, y por último con la de los procesados.

Las pruebas de cada parte se practicarán según el orden con que hayan sido propuestas en el escrito correspondiente. Los testigos serán examinados también por el orden con que figuren sus nombres en las listas. No obstante, lo anterior, si a propuesta de su defensa el acusado solicitara declarar en último lugar, el Presidente así lo acordará expresamente. Sin perjuicio de lo previsto en el párrafo anterior, el Presidente, podrá alterar el orden a instancia de parte y

4. Se garantizará la confidencialidad de la información que se obtenga del procedimiento de justicia restaurativa. Las informaciones vertidas en el marco del procedimiento restaurativo no podrán utilizarse posteriormente, salvo que expresamente lo acuerden las partes afectadas. El juez o el Tribunal no tendrán conocimiento del desarrollo del procedimiento de justicia restaurativa hasta que este haya finalizado, en su caso, mediante la remisión del acta de reparación.

5. El juez o el Tribunal, valorando las circunstancias del hecho, de la persona investigada, acusada o condenada y de la víctima, podrá, de oficio o a instancia de parte, remitir a las partes a un procedimiento restaurativo, salvo en los casos excluidos por ley. El inicio del procedimiento restaurativo en fase de instrucción no eximirá de la práctica de las diligencias indispensables para la comprobación de delito. El sometimiento a justicia restaurativa en el proceso por delitos leves interrumpirá el plazo de prescripción de la correspondiente infracción penal.

6. La resolución que acuerde la remisión a los servicios de justicia restaurativa fijará un plazo máximo para su desarrollo, que no podrá exceder de tres meses prorrogables por un plazo igual. Acordada la remisión, el órgano judicial facilitará el acceso al contenido del procedimiento por parte del equipo de justicia restaurativa.

7. De no consentir las partes en someterse a un procedimiento restaurativo, los servicios restaurativos pondrán inmediatamente esta circunstancia en conocimiento del órgano judicial, que continuará la tramitación del procedimiento penal.

8. Concluido el procedimiento restaurativo, los servicios emitirán un informe sobre el resultado positivo o negativo de la actividad realizada, acompañando, en caso positivo, el acta de reparación con los acuerdos a los que las partes hayan llegado, que estará firmado por las partes personalmente y por sus letrados, si los hubiera. El informe, del que se entregará copia a las partes del procedimiento restaurativo, no debe revelar el contenido de las comunicaciones mantenidas entre las partes ni expresar opinión, valoración o juicio sobre el comportamiento de las mismas durante el desarrollo del procedimiento de justicia restaurativa.

9. En caso de existir acuerdo, el órgano judicial, previa audiencia del Ministerio Fiscal, de las partes personadas y de la víctima del

delito, por término de tres días, valorando los acuerdos a los que las partes hayan llegado, las circunstancias concurrentes y el estado del procedimiento, podrá:

a) Si se tratase de un delito leve, decretar el archivo, a la vista del cumplimiento de los acuerdos alcanzados, de conformidad con lo establecido en el artículo 963 de la Ley de Enjuiciamiento Criminal.

b) Si la causa se siguiera por un delito privado o un delito en el que el perdón extingue la responsabilidad criminal, acordar el sobreseimiento del procedimiento y su archivo, dejando sin efecto las medidas cautelares que se hubieren acordado en su caso.

c) Si la causa estuviera en el órgano de instrucción, acordará la conclusión de la misma y la remisión de la causa al órgano competente para la celebración del juicio de conformidad en los términos de los artículos 655 y 787 ter de la Ley de Enjuiciamiento Criminal.

d) Si la causa estuviese en el órgano de enjuiciamiento, se seguirá por los trámites del juicio de conformidad. La sentencia de conformidad incluirá los acuerdos alcanzados por las partes.

e) Resolver sobre la suspensión de la ejecución de la pena privativa de libertad, valorando el resultado del procedimiento restaurativo para el establecimiento de las condiciones, medidas u obligaciones de la suspensión; o, en su caso, sobre el contenido de los trabajos en beneficio de la comunidad».

La finalidad de la justicia restaurativa como voluntaria que es, va dirigida claramente a la conciliación penal, evitando el juicio y persiguiendo la reparación del daño a la víctima, bajo los principios de voluntariedad, gratuidad, oficialidad y confidencialidad. Las partes que se sometan a un procedimiento de justicia restaurativa, antes de prestar su consentimiento, serán informadas de sus derechos, de la naturaleza de éste y de las consecuencias posibles de la decisión de someterse al mismo, pudiendo, en cualquier momento, revocar el consentimiento y apartarse del mismo. La negativa de las partes a someterse a un procedimiento de justicia restaurativa, o el abandono del ya iniciado, no implicará consecuencia alguna en el proceso penal. Como establece el precepto, se emitirá un informe sobre el resultado de la actividad realizada en el que no se revelará el contenido de las comunicaciones mantenidas entre las partes ni expresar opinión, valoración o juicio sobre su comportamiento durante el desarrollo del procedimiento de justicia restaurativa. El procedimiento es confidencial y no podrá utilizarse posteriormente, salvo que expresamente lo acuerden las partes afectadas. El sometimiento a justicia restaurativa en el proceso por delitos leves interrumpirá el plazo de prescripción de la correspondiente infracción penal. El plazo máximo para su desarrollo no podrá exceder de tres meses prorrogables por un plazo igual.

En los delitos privados y en los delitos leves cuando se produzca el acuerdo entre las partes, se archivará el procedimiento, y en los restantes se seguirá con el trámite de la conformidad previsto en los arts. 655 y 787 ter de la LECr. En el caso de las ejecutorias penales, que se someten a una reestructuración y ordenación, hasta ahora su regulación era marginal y desordenada, sin sistemática alguna, lo que tenía una incidencia muy negativa en los juzgados especializados en ejecuciones penales al no unificarse criterios —piénsese que aunque la ejecutoria es una materia que a priori parece no muy compleja, sí tiene ciertas especialidades que deben ser claramente definidas en la norma—, el Tribunal podrá valorar la conveniencia de la suspensión de la pena. Un ejemplo de estas disfunciones es la acumulación de penas prevista en el art. 76 del CP, en los que los criterios de acumulación son dispares entre los diferentes operadores jurídicos, esforzándose el TS desde la última reforma de este artículo en 2015, ya ha sido modificado tres veces, en 2003, 2010 y 2015, en ofrecer unos criterios sólidos respecto a la acumulación de condenas.

En la mediación penal la defensa de cualquiera de los acusados puede llegar a la conformidad con las acusaciones, para posteriormente pactar la pena una vez satisfecha la responsabilidad civil o su forma de pago.

No se prevé que se solucionen muchos conflictos por esta vía al no estar dotada de medidas presupuestarias que creen órganos especializados con personal cualificado que se ocupen de este modo de solución de conflictos penales entre las partes. Además, en los Tribunales de lo penal el porcentaje elevado de asuntos son en materia de delitos que quedarán al margen de la mediación penal y de la restauración por la naturaleza jurídica de los mismos y las condiciones de los acusados, sin recursos y delincuentes habituales, tratándose los delitos económicos y de tipos similares de una parte residual de los que llegan a enjuiciamiento y que se encuentran atascados en la fase de instrucción por falta de medios materiales, sobre todo por el aumento exponencial de delitos contra el patrimonio cometidos a través de las nuevas tecnologías, que precisan para su indagación de unos medios técnicos sofisticados, de personal en la oficina judicial y de jueces para su resolución.

VI.
CONSIDERACIÓN FINAL

La figura procesal de la Conformidad tiene elementos positivos de hondo calado jurídico, como es la agilización del proceso y dar una respuesta rápida, satisfaciendo la Tutela Judicial efectiva, y tiene elementos de carácter negativo en los que hay que poner límites o activar o acentuar el control jurisdiccional. Es indudable que el sistema norteamericano de justicia consensuada se ha introducido en el sistema continental, y siendo el sistema europeo el preponderante desde un punto de vista doctrinal y sobre todo respetuoso con el sometimiento al principio de legalidad y el principio de igualdad de armas en el proceso. En la actualidad, se halla sumiso al derecho anglosajón en el que prima un principio de oportunidad no reglado y con una carga de discrecionalidad que rompe el equilibrio igualitario de las partes del proceso y que hace quebrar la legalidad y los principios por los que debe regirse el proceso.

El Estado de derecho, proclama el sometimiento de los poderes públicos y del ciudadano a la ley, pero también declara el principio de igualdad ante aquella. Ese sometimiento debe predicarse de todas las partes en el proceso, sin que ninguna de ellas ostente una superioridad formal o material ante la Ley.

En esta sucinta exposición que hemos realizado sobre los diferentes sistemas de justicia consensuada incluyendo al sistema español, todos ellos, se caracterizan, por ser formas de finalización de un proceso que o bien lo evitan, o bien lo simplifican o bien lo abrevian. En definitiva, son formas que son ajenas al normal desarrollo del proceso, y que permiten a las partes en mayor o menor medida disponer de éste. Las notas que tienen en común, a pesar de sus diferencias son las siguientes:

— Su creación se debe a una mejora de las prestaciones del sistema judicial. Descongestión de una justicia lenta y colapsada.

— Los letrados pueden conseguir un resultado más favorable para sus defendidos, y se pueden ocupar de otros asuntos.

— Se evita pesadas investigaciones.

— El acusado se ve favorecido por una reducción de su condena, es más fácil su reinserción.

— Es útil para la investigación de delitos económicos, de investigaciones complejas. Así en Francia la *Convention Judiciaire d'interêt Public*, responde a la exigencia de establecer mecanismos más eficaces de lucha contra la corrupción, o los Acuerdos de no acusación en Estados Unidos, referidos a la persona jurídica como las Corporaciones o la *transaction penale* en Bélgica cuya intención legislativa al ampliar el ámbito de aplicación fue el de permitir su aplicación a los delitos económicos.

— La capacidad de fomentar una mayor agilidad de los juicios como se predica de la conformidad española según Protocolo.

— Economizar el tiempo y el trabajo necesario, de las partes, aligerar la carga de los tribunales, y superar las dificultades de material probatorio en los supuestos más complicados, eran las notas que se predicaban en la conformidad según Protocolo.

Ahora bien, frente a estas voces optimistas, se alzan detractores que cuestionan la conveniencia de estas formas de justicia negociada.

— Se opina que el aligerar la justicia colapsada con estos mecanismos de consenso es cambiar velocidad por calidad, donde al oportunismo del acusado se suma el oportunismo del Estado preocupado más por los costes y tiempos, que por la calidad y garantía del proceso penal.[21]

— Por otro lado, dotar a una parte del proceso o a varias partes del proceso, del dominio de la norma y lo que es más aún de su aplicabilidad, sería una forma de transgredir los principios de igualdad, legalidad, indisponibilidad de la acción penal, de defensa etc., y en definitiva de los principios rectores del proceso.

— La asimetría entre el Ministerio Fiscal y defensa en términos de acceso a la información y de calidad técnico-jurídica, puede determinar resultados injustos.

— El carácter contractual de estos acuerdos hace que la jurisdicción penal se revista de notas civiles, apuntándose cierto revestimiento de derecho contractual y de carácter privado.

— Otro de los aspectos que se ha criticado, es la discrecionalidad del Ministerio Fiscal, y su monopolio de decisión, que hace que en algunos acuerdos quiebre el principio de un proceso justo. Por ejemplo, la figura del Fiscal en Estados Unidos, su poder discrecional le permite saber de antemano el resultado de la mayor parte de los delitos.[22]

— El derecho a no reconocerse culpable colisiona en esta justicia consensuada, ya que el acusado debe afrontar de

---

21. HERRERO TEJEDOR ALGAR, F. *"Otra vez sobre la conformidad y conformidades en el proceso penal"*, – *Liber Amicorum,* dirigido por Del Moral García. A. y Moreno Verdejo, J. Colex, Madrid 2015 pp 503

22. CABEZUDO RODRÍGUEZ, N. *Hegemonía del Ministerio Fiscal, principio de oportunidad y justicia negociada: las claves del nuevo modelo procesal español.* Tirant lo Blanch, Valencia 2015, pp 836.

no aceptar el acuerdo un riesgo de que se le imponga una condena más severa.

— Las negociaciones para alcanzar el acuerdo se realizan al margen del proceso, escapando al control jurisdiccional. STS 1094/2002, de 14 de noviembre. "... estos acuerdos carecen de efectos para el tribunal hasta que, en su caso, se manifiesten ante él con todas las garantías (...) Hasta ese momento se trata de relaciones extraprocesales, debiendo atenerse acusación y defensa a sus manifestaciones y actuaciones en el proceso y no a lo que haya podido ocurrir fuera de él".

En el sistema jurídico español, el sometimiento de las partes a la norma, o el principio de legalidad que preside nuestro Estado de Derecho, en el que todos debemos someternos a la ley, evitaba las críticas que se realizan por diferentes Autores y a las que hemos hecho referencia con anterioridad.

La conformidad según protocolo está alcanzando índices de aceptación muy elevados entre las partes intervinientes en el proceso, y se consolida como un mecanismo de consenso procesal y material en la praxis judicial de Juzgados y Tribunales.

Incluso el Tribunal Supremo ha evolucionado en materia de conformidad en procesos de múltiples acusados donde solo parte de ellos se han conformado y ha establecido las bases de celebración de juicios de estas características, respetando los acuerdos alcanzados por las partes. El Fiscal español, no puede alcanzar acuerdos fuera de la ley, sino que, con sometimiento a ésta, se rige por un principio de oportunidad reglado, pero no podemos asegurar que en un futuro, otorgada la investigación criminal al Fiscal, como determina el anteproyecto de ley procesal penal de 2020, y la asimetría otorgada por este, al Fiscal, al atribuirle el principio de oportunidad discrecional, con notable influencia del sistema norteamericano, en el sentido de poder finalizar el proceso sin juicio, o activar la conformidad, hace que el sistema jurídico español, participe de las críticas de los sistemas continentales y anglosajones, por incurrir en las mismas taras jurídicas que estos.

Así la ley procesal, desde su aprobación, ha sufrido innumerables reformas, pero existe un cierto consenso a la hora de afirmar que es necesario dotar a nuestro ordenamiento jurídico de una nueva ley procesal penal. Fallidas las iniciativas de 2011 y 2013 el actual Anteproyecto 2020, aparte de simplificar el número de procedimientos penales actualmente vigentes, tiene como novedad más significativa frente a la ley vigente la desaparición de los jueces instrucción y el otorgamiento de la investigación de los hechos delictivos al fiscal. Esto, unido a la posibilidad de terminar el procedimiento penal por razones de oportunidad, a la ampliación del marco normativo de la conformidad, y a la regulación por primera vez en la historia de nuestro proceso penal de la mediación penal, conllevará un considerable aumento del poder de disposición del Ministerio Fiscal sobre la pretensión penal, en la línea ya marcada por las reformas procesales más recientes.

Por razones de oportunidad, el Anteproyecto de LECri confiere al Fiscal poder terminar el procedimiento, archivarlo, sin formular acusación. Su regulación está prevista en los arts. 174 a 180 del Anteproyecto. Los supuestos contemplados en el Anteproyecto son cuatro.

— Archivo por razones de oportunidad, (art 175). El fiscal podrá decretar el archivo total o parcial de la investigación para delitos castigados con penas de prisión de hasta dos años, con multa cualquiera que sea su extensión o con privación de derechos que no exceda de diez años, siempre que concurran determinados requisitos y con exclusión de algunos supuestos en que no será posible aplicar este precepto.

— Suspensión del procedimiento por razones de oportunidad, (art 176). El fiscal podrá acordar la suspensión del procedimiento de investigación para delitos castigados con penas de prisión de hasta cinco años o cualesquiera otras penas de distinta naturaleza, siempre que concurran los requisitos del artículo anterior, condicionándola al cumplimiento por la persona encausada de una o varias obligaciones o reglas de conducta. Cumplidas estas obligaciones en el plazo fijado y transcurridos dos años sin que el investigado haya delinquido, el fiscal remitirá el procedimiento al juez de garantías, que acordará su sobreseimiento.

— Archivo reservado para preservar la investigación de una organización criminal, (art 178). El fiscal podrá acordar el archivo del procedimiento cuando su incoación o continuación pueda poner en grave riesgo la tramitación de otra causa declarada secreta y relativa a las actividades de una organización criminal, decreto que remitirá de forma inmediata al juez de garantías y que surtirá efectos hasta que haya desaparecido el riesgo generado para la investigación principal o se haya alzado el secreto de la misma, momento en que el juez acordará a petición del fiscal la reapertura del procedimiento archivado.

— Archivo por colaboración activa contra una organización criminal (art 179). El fiscal podrá acordar el archivo del procedimiento en los supuestos de delitos castigados con penas de hasta seis años de prisión o con penas de otra naturaleza, cualquiera que sea su extensión, cometidos en el seno de una organización criminal, para el investigado arrepentido siempre que el arrepentimiento sea real, la colaboración prestada sea activa y sustancial y las víctimas del delito cometido hayan sido debidamente resarcidas.

Con ello entra de plano la influencia del derecho anglosajón y sobre todo el norteamericano, otorgando al Fiscal un principio de oportunidad discrecional y produciendo en el proceso una asimetría que contraviene el principio de igualdad que regía el proceso, ya no estamos ante un principio de oportunidad reglado sino discrecional.

Presentándose el fiscal como dueño del objeto procesal, argumento que ya fue recogido por algunos Autores[22] y [23].

En cuanto a la Ley Orgánica 1/2025, de 2 de enero, de medidas en materia de eficiencia del Servicio Público de Justicia, realiza una reforma de calado en el sistema judicial, ya que introduce importantes novedades en los órganos jurisdiccionales, que pasan de estar organizados como Juzgados a Tribunales de Instancia, con la consiguiente reorganización de la demarcación y de la planta judicial, así como la plantilla de los mismos, y a la propia Administración de Justicia que pasa a ser el Servicio Público de Justica. En cuanto a la conformidad en el ámbito penal, desaparece el límite de la pena impuesta, regulando la justicia restaurativa y la mediación, con la preceptiva celebración de una audiencia preliminar al juicio oral. Audiencia que sin duda puede valer para acelerar los tiempos en el procedimiento, si no se convierte en un trámite automático y vacío de contenido en la mayoría de las causas que a diario se ventilarán en los Tribunales de lo Penal, siendo la inmensa mayoría sobre delitos contra la integridad personal, violencia sobre la mujer, el patrimonio, la seguridad vial o la salud pública, para resolver sobre la necesidad de la prueba propuesta y su pertinencia, así como su posible práctica para evitar suspensiones por su falta de verificación real. Pudiendo conformarse cualquiera de los acusados también en esta audiencia preliminar, sin que el resto sea preciso que lo hagan para continuar el juicio contra ellos y siendo deseable la resolución conjunta en una única sentencia tanto de los acusados conformados como de los que han decidido continuar con el procedimiento por razones obvias de economía procesal y para evitar resoluciones contradictorias. Estamos expectantes de cómo se

---

22. CABEZUDO RODRÍGUEZ, N. *Hegemonía del Ministerio Fiscal, principio de oportunidad y justicia negociada: las claves del nuevo modelo procesal español.* Tirant lo Blanch, Valencia 2015, pp 836.

23. BARONA VILAR, S. *La conformidad en el proceso penal, Ed.* Tirant lo Blanch, Valencia 1994

va realmente a aplicar la reforma, toda vez que en la práctica los operadores jurídicos se están quejando de improvisación y falta de recursos materiales y humanos para implementar una reforma de tan amplio calado.

BIBLIOGRAFÍA

BARONA VILAR, S. *La conformidad en el proceso penal*, Ed. Tirant lo Blanch, Valencia 1994.

CABEZUDO RODRÍGUEZ N, *"Hegemonía del Ministerio Fiscal, principio de oportunidad y justicia negociada: las claves del nuevo modelo procesal español", Reflexiones sobre el nuevo proceso penal: Jornadas sobre el borrador del nuevo Código Procesal Penal, coordinado por Cristina Ruiz López y Raquel López Jiménez, 829-847 (Valencia: Tirant lo Blanch, 2015), 836.)*

— *"Justicia negociada y nueva reforma procesal penal", Diario La Ley 5815 (2003).*

CÁNOVAS FERNÁNDEZ, N. Claroscuros de la Ley Orgánica 1/2025, de 2 de enero, de medidas en materia de eficiencia del Servicio Público de Justicia, en La Ley Penal n.º 172, enero-febrero de 2025.

DEL MORAL GARCÍA, A. *"La conformidad en el proceso penal, reflexiones al hilo de su regulación en el ordenamiento español", Revista Auctoritas Prudentium 8 (2008).*

— *"Otra vez sobre la conformidad y conformidades en el proceso penal", Fernando Herrero Tejedor Algar – Liber Amicorum, dirigido por Antonio Del Moral García y Jaime Moreno Verdejo (Madrid: Colex, 2015): 503.*

DEDIEU, J.-P. *"Denunciar-denunciarse. La delación inquisitorial en Castilla la Nueva en los siglos XVI-XVII", en Revista de la Inquisición, n. 2, 1992, pp. 95-108.*

DELMAS-MARTY, Mireille. *(Procesos Penales de Europa, Alemania, Inglaterra, Gales, Francia, Bélgica e Italia. Edijus. Zaragoza. 2000).*

ENRIQUE GRANADOS, L. Principales reformas efectuadas por la Ley orgánica 1/2025, de eficiencia del Servicio Público de Justicia y su incidencia en el ámbito penal, en La Ley Penal n.º 172, enero-febrero de 2025.

FERRÉ OLIVE, J. C. *"El Plea Bargaining, o cómo pervertir la justicia penal a través de un sistema de conformidades low cost", Revista Electrónica de Ciencia Penal y Criminología 20, n.º 6 (2018): 16.*

FRAGA, J. *(2018). Las diversas manifestaciones de la conformidad en el Derecho procesal penal español. Madrid: Editorial Jurídica Sepín.*

GADDI, D. *(2020). Materiales para una conformidad restaurativa. Estudios Penales y Criminológicos, XL, 991-1041.*

GALLI, M. *"Une justice* pénale *propre aux personnes morales. Réflexions sur la convention judiciaire d'intérêt public", en Revue de science criminelle et de droit pénal comparé, Vol. 2, n. 2, 2018, pp. 359-385.*

GIMENO, V. *(2019). Derecho Procesal Penal (3ª ed.). Navarra: Civitas, Thomson Reuters.*

GÓMEZ, J.L. *(2021). El juicio oral: conformidad y desvinculación. En J. L. Gómez Colomer y S. Barona Vilar (coordinadores), Proceso Penal. Derecho Procesal III (pp. 405-425). Valencia: Tirant lo Blanch.*

MAGRO SERVET, V. *(Diario la ley nº 9799) ... el anteproyecto de medidas de eficiencia procesal. Diario la ley, nº 9757, sección doctrina, 18 de diciembre de 2020.*

MAGRO SERVET, V. La nueva conformidad en la reforma de la LECrim. A tenor de la Ley Orgánica 1/2025, de 2 de enero, en La Ley Penal n.º 172, enero-febrero de 2025.

RIFÁ, J. M. *Richard, M., & Riaño, I. (2006). Derecho procesal penal. Pamplona: Gobierno de Navarra.*

ROIG TORRES, M. *La justicia restaurativa en el Anteproyecto de Ley de Enjuiciamiento Criminal como manifestación del prin-*

cipio de oportunidad. Revista Electrónica de Ciencia Penal y Criminología. núm. 24-09, 2022.

RODRÍGUEZ, N. *(2016). La conformidad. En J. Nieva Fenoll y L. Bujosa Vadell (directores), Nociones preliminares de Derecho Procesal Penal (pp. 137-147). Barcelona: Atelier.*

RUESTA BOTELLA, M.ª L. y CAPITA REMEZAL, M. La conformidad penal en el Derecho español. Especial referencia a la persona jurídica como sujeto del delito de defraudación tributaria, en La Gaceta Fiscal, n.º 379, noviembre de 2017.

VIGIL LEVI, Jacobo. *"La institución de la conformidad en el proceso penal español"*

Fuentes legales

Fiscal.es.
BOE.
Ministerio de Justicia.
Web Fiscalía General del Estado.